セクシュアリティをことばにする

上野千鶴子
Ueno Chizuko
対談集

青土社

セクシュアリティをことばにする　目次

セクシュアリティをことばにする　上野千鶴子対談集

第1章

ニッポンのムスメたちはどこへ?

×信田さよ子（のぶた・さよこ）

1946年生まれ。臨床心理士、原宿カウンセリングセンター所長。アルコール依存症、摂食障害、ドメスティックバイオレンス、子どもの虐待などの問題に取り組んでいる。著書に『依存症臨床論』(青土社)、『アダルト・チルドレンという物語』、『依存症』(以上、文藝春秋)、『DVと虐待』、『カウンセラーは何を見ているか』(以上、医学書院)、『母が重くてたまらない』(春秋社)、『それでも、家族は続く』(NTT出版)、『加害者は変われるか?』(ちくま文庫)、『アディクション臨床入門』(金剛出版)など。

上野　まず、歴史的に見るところから始めたいのですが、女性学のスタート時において「母と娘」というテーマは非常に核心的なものでした。心理学は「父と息子」については語ってきたけど、「母と娘」については語ってこなかったので、理論も概念もなかったんですね。「母と娘」という主題は女性のアイデンティティ形成において核心的な問いのひとつだったのに、男が論じてこなかったために手つかずのままでした。リブの初期で一番有名なのがナンシー・フライデーの『マイ・マザー／マイ・セルフ』（原著一九七七年）という本です。ラディカル・フェミニズムはフロイト精神分析理論の批判からスタートしました。つまり、女の役割を拒否しようとした女を「ペニス・エンヴィ（男根羨望）」と呼んだフロイトに対して「冗談じゃないよ！」というところからスタートしています。フロイトが呪いをかけた「解剖学的宿命」から逃れよう、というのがリブとフェミニズムのスタートにありました。その後精神分析家のサラ・コフマンが『女性精神分析家たち』（原著一九八〇年）という本を書いています。フロイト精神分析理論の女性バージョンを作ろうと格闘してきた、ヘレネ・ドイチェやアンナ・フロイトの足跡を再構成したものです。こういう動きは、最近になって始まったものではないのですけど、それが現在の日本で注目を集めていることの歴史的意味をどのようにお考えですか？

ちなみに、わたしの基本的なスタンスはこういうものです。信田さんの『母が重くてたまらない

――墓守娘の嘆き』（春秋社、二〇〇八年）という本が売れているそうですが、最初に「墓守娘」というサブタイトルを聞いたとき、ずいぶん時代錯誤な用語だなあと思いました。その後、一見時代錯誤に見えるけれど、実は「墓守娘」の登場は新しい歴史現象だろうと思い返しました。その点では、信田さんとわたしは共通認識を持っていると思います。母と娘の関係を超歴史的な心理関係に還元しようとする、フロイトとその亜流――斎藤環さんも含めて（笑）――の試みに対してわたしは批判的だからです。信田さんの本が売れるのも、今の日本の女たちにとって、意味があるからだと感じているからです。信田さんご本人は、読者からの反響や売れ行きをどう受け止めていらっしゃいますか。

信田　「母と娘」というテーマに関してフロイト批判の流れがあることはある程度わたしも知っていますが、日本の臨床心理学の人たちが自前で「母と娘」を論じたのは一九九七年に出た高石浩一さんの『母を支える娘たち――ナルシシズムとマゾヒズムの対象支配』（日本評論社）という本が最初だったと思います。男性によって書かれたもので、隔靴掻痒な感もあったんですが、着眼点はいいなと思ったんですね。マゾヒスティックコントロールなんていい言葉も使われてましたし。でも、これがなんで女性の臨床心理学者によって書かれなかったのかという思いがありました。女性の同業者は「母と娘」の問題をほとんど扱ってこなかった。

上野　日本でそれが扱われなかったのはなぜでしょう？

信田　わたしたちカウンセラーが必ずしもアップ・トゥ・デートな理論を追うわけではないというのはありますよね。

上野　フェミニスト・カウンセリング系の人たちは、ずっと「母と娘」を主題化してきたと思いますが。

信田　竹村和子さんの『愛について』（岩波書店、二〇〇二年）はすごいなと思いますけど……。

上野　たしかに竹村さんはフェミニストのなかではもっともよくフロイトを咀嚼している人ですね。実際にはフェミニスト・カウンセリングの臨床では母の問題が語られることが多くて、やっぱり娘のアイデンティティ形成については父よりも母の影響が大きいですね。それでも基本は精神分析系の理論の影響下にあるようです。

信田　わたしは精神分析の洗礼を受けていないのでわからない部分もあるんですけど、わたしが「母と娘」ということに注目したのは、毎日のカウンセリングを通して、ということとAC（アダルトチルドレン）の文脈ですよね。ACの問題はもともとは非常にマイナーなアルコール依存症の家族で育ったひとたちの問題だったんだけれど、彼ら、彼女たちの問題は飲んだくれの父ではなく、むしろその傍にいて犠牲者的でありつつも非常にパワフルなお母さんとの関係だということを無数に見てきたんです。なぜなんだろう、どうして父ではなく母の問題だろうって考えたときに、共依存と言うにはあまりにも粗雑すぎるという思いもあって、娘が同性の親に感じる名状しがたい重さ、母の娘に対する微に入り細に入り忍び込んでくる支配のテクニックにわたしは関心を持ってきたんです。では、なぜ今なのかといえば、この本はわたしが書いたというよりも、編集者が書かせたということが大きいんではないでしょうか。やはり三〇代から四〇代の女性編集者がこういう本を書いてほしいというモティベーションを強く持っているんです。

上野　いまの三〇代、四〇代の女性は、日本における晩婚化・非婚化・少子化の先兵ですね。先ほど言ったようにフロイト理論に依拠する人たちが超歴史的になりがちなのに対して、わたしは家族関係も歴史現象だと思うからです。エリクソンのアイデンティティ論を読んだときにも、これは近代という社会と切っても切れない関係があって、超歴史的にアイデンティティを論じることはできないと思いました。つまり、エリクソンのアイデンティティ論は「大きくなったら何になる？」という問いが成立した時代じゃないと成り立たないんです。親と同じように生きることが宿命になっている社会では、アイデンティティなんてそもそも問いとして成り立たない。そう考えると、いまの四〇代の女たちがこれまでの娘たちとは違う未曾有の歴史的経験をしていることが、「母と娘」の関係にも表れていると思います。それが一番決定的に現れているのが晩婚化・非婚化・少子化ですね。

信田　それに加えて、わたしは親世代、団塊とややその上を含む戦後民主主義教育を小学校以降受けた女性たちが母親であるということも大きいと思うんです。その人たちは妻になり、母になっても、女が忍従するだけの人生以外の生き方もありうるということを知ってしまった世代なんですね。彼女らがロマンチックラブ・イデオロギーの中で結婚した末に得た生活が、非常に怨嗟と不全感に満ちたものになってしまったということがすごく大きいと思うんです。

上野　ですから、時代的な経験としては二世代がかりの病理だと言えます。わたしが「墓守娘」の議論に付け加えることがあるとしたら、晩婚化・非婚化・少子化という背景のもとで女性がシングルのまま長期にわたって娘のステータスに留まりつづけることが「墓守娘」の背景にあると書かれていますが、既婚女性も娘のステータスを生涯降りられなくなったと思いませんか？

信田　それはあります。たぶん母親の長寿によるものだと思いますが。

上野　親の長寿のせいだけではないでしょう。娘の結婚の意味が変化したからだと思います。というのは、結婚は女性が親族上の地位を非可逆的に移行する儀礼でしたから、これまでは結婚して「他家の人」になった娘には、実家の親の介護を期待してはならないという社会的な規範がありました。でも今日では、結婚が娘の実家との切断にならなくなっています。

信田　それはなぜ？

上野　圧倒的に少子化によるものです。親にとっての娘のステータスが相対的に上がったからです。少子化によって、子どもの一人当たりの限界効用が性別を問わず上昇したんです。二子規範が完全に定着したので、子どもは二人までで、三子以上持てる人が少ない。その結果、末っ子長男がいなくなりました。一子か二子の家庭が増えて、娘しかいない家庭が統計で見ると四割に達しています。

信田　やっぱりわたしは親のほうに目がいくんですね。上野さんは長寿が原因ではないと言われたけど、母親の側が心理的な依存を求めるというのがあって、依存できる対象の価値が相対的に上がったということはないですかね？

上野　その際、娘以外の選択肢がない家庭が増えました。それに娘の婚姻は、今の親にとっては婚出ではなくて、むしろ婿をゲットしてくるという感覚でしょう。正月に実家に帰る、というときの「実家」が妻の実家だったりするケースが増えました。そうなると息子は嫁に取られてしまうけれども、娘はいつまでも娘、ということになります。おもしろいのは、日本人の意識調査で「生涯に一人だけ子どもを産むとしたら娘と息子、どちらがのぞましいですか？」という統計データがあるんですが、東アジア儒教圏の中で日本だけが唯一「娘」優位、娘と息子が逆転したのが八二年です。

信田　それは日本の高度経済成長の恩恵を受けた人たちが母親になった時代ということですか？

上野　そうです。学校化が進んで、学力競争においては男女平等になった世代ですね。その上の世代に、男女同権を理念として内面化しながら実生活ではまったく裏切られた人たちがいます。八〇年代から九〇年代にかけて娘の高学歴化が急速に進みます。後期高等教育に限っていうと、九〇年代に娘の大学進学率がものすごく上がって、一八歳人口の進学率で女子が男子を上回ります。日本の進学率統計は四大と短大を合計してきたんですけど、八〇年代までは短大が四大より優位だったのが、九〇年代にそれが逆転します。つまり、八〇年代に娘の選好が高まった時期に生まれた娘たちが九〇年代に大学、それも短大でなく四大に進学してくるんですね。そうして男並みの学歴をゲットしていく。そういう高学歴の娘たちを目の前にして、わたしがつくづく思うのは、これは娘とその母親と二世代がかりの事業だなと。母親のサポートがなければ、娘は高等教育を受けられませんから。

信田　それはどういうサポート？　塾にいかせるとかですか？　あるいは金銭的な？

上野　どちらもですね。心理的なサポートだけでなく、父親が反対しても「わたしの稼いだお金で大学にいかせてあげるわよ」と言える経済力。男親ってけっこうコンサバで、「娘は短大でいい」なんていう六〇代くらいの父親は多い。それに対して、「四大にいきたい」という娘の願いを「お父さんはああ言うけど、わたしがそのくらい出してあげる」と言える母親たちがいるんです。学費くらい、パートで稼げますから。

信田 それは自分が果たせなかった自己実現を果たすということなんでしょうか？

上野 まさにあなたがお書きになっている通り、母親の欲望の代理充足ですね。

信田 そうすると、八〇年代半ばの転換期にあたる世代の人たちが今の三〇代後半から四〇代の人たちになっているわけだ。本当に歴史的な現象なんですね……。

耐久消費財化する娘

上野 ただし、わたしは八〇年代半ばに娘選好に転換したことは、娘のステータスの上昇の効果だろうかとずっと考えてきて、結論から言うと、そうではないと思います。ひとつには超高齢社会への不安感が娘選好を強めたこと、もうひとつは教育投資を含む子育てのコストの高さと困難が娘選好を導いたのだろうと。つまり、息子だったら子育てに失敗が許されないけれど、娘は耐久消費財として子育てが楽しめる。結局、それは子育ての無責任化ということなんですが。

信田 厳しいこと言うなあ（笑）。よくわかるけど。

上野 少子化が進めば進むほど、子どもは生産財から耐久消費財に変わっていきます。耐久消費財に変わる節目のところで、同じ耐久消費財ならば息子より娘のほうが選好される。娘ならカワイイ格好をさせて、一緒に遊びに行けて、話題を共有できますから。

信田 子育てに失敗したとしても、最後は結婚させればいいわけだし。

上野　そう。教育パフォーマンスにおいて失敗しても、逃げ道がある。だから、わたしは娘選好を娘の地位の上昇とは少しも思えませんでした。信田さんが見ていらっしゃる現場での観察と、一致していますか？

信田　わたしはそういう歴史的な視点はまったくないんだけど、娘の世代よりは母親世代に接することが多いんです。そこで感じるのは、娘がかわいそうというよりもこの母親たちは何なんだろうということなんですね（笑）。近親憎悪なのかもしれませんが、重い母たちが嫌でしょうがないという感じなんです。さっき上野さんがいみじくも耐久消費財とおっしゃったけれど、たしかにあの人たちはそういう自覚はないけど、非常に狡猾に自分の人生を娘に賭けるように見せて実は賭けずにいて適当なところで手を引ける距離感を保っている。その辺のすばらしいテクニックの背後にあるものがいまの説明でわかった気がします。

上野　女性学で言ってきた「母と娘」のモデルでは、初期の頃何が問題だったかというと、社会的な自立のモデルを母は教えてくれなかった、ということでした。公的な場でどうふるまえばいいかをパパは教えてくれたが、私的な場で女としてどうふるまえばいいかは教えてくれなかったと。アメリカでは一足早く七〇年代以降、女性の高学歴化と社会進出が進んだ中で、パパのように成功することとママのように幸せな妻になることの両方を達成しなければならないというプレッシャーが、ミドルクラスの娘たちにかかってきたわけです。それが二〇年遅れて日本に来たということなのかもしれません。九〇年代の日本の女性の高学歴化のなかで興味深いのは、四大進学率が高まる中で専攻分野が変わったことです。文学や語学といったリベラルアーツ系から法学部や医学部といった実学系へとシフトが起きました。

信田　資格系ってこと？

上野　そう。彼女たちの背後に母の執念がないと、娘の高学歴化は成り立たないと思っていましたので、彼女たちが工学部や経済学部に行かず、法学と医学という実学を選んだことに、彼女たちの母の世代の絶望と怨念を感じました。母親の世代は娘時代のＯＬ経験から、組織社会の中に女の居場所がないことをとことん知っていますからね。だから、「手に職」という自立して個人営業できるものしか、娘に勧めないのでしょう。

信田　わたしみたいにね（笑）。

上野　そうそう（笑）。男性支配の組織社会から自立したところでやれる資格職しか選ばせていない。このところ医師国家試験合格者の女性比率が三割に達し、司法試験の合格者の女性比率も三割を超えています。それが九〇年代の高学歴化の帰結です。本当に実学志向なんです。そしてそれは母のサポートなしにはありえなかった。

そういう傾向を見ると、今どきの女の子たちがかつての娘たちよりも、もっと重い荷物を背負うようになったという感慨を覚えます。娘が息子と同じような社会的達成だけでなく、娘としての成功、つまり妻になり母になるという両方を叶えなければ、女性として充分ではないというメッセージを、母親から間断なく送りつけられるようになったからです。

女の顔をした息子の行く末

信田　ちょっと話を戻しますけど、七〇年代のアメリカでパパは公的な場でのふるまいを教えてくれたけど、私的な場でのふるまいを教えてくれなかったと言われましたけど、日本の家族の場合、パパというのがモデルになるような存在として機能していないいんじゃないかと思うんです。

上野　わたしも一般的には日本の父親の存在感は薄いと思いますから、いちがいにアメリカの話がそのまま通用するとは思いません。でも、社会的に成功をおさめた娘のロールモデルを調べた調査によると、父親の影響の強い娘が多いことがわかっています。長女で息子のように育てられたとか、父親に期待されて育ったとかいう、「父の娘」ですね。実際、父親を尊敬して、社会的な達成をなしとげた娘は、日本でも少なくないと思う。寿岳章子さんとか鶴見和子さんとかね。日本ではあの世代の「父の娘」は結婚を選んでいません。

信田　『墓守娘』の母親世代はどうですかね。

上野　その世代は母親が支配的になりましたから、父親ではなく、母親が、娘に対して息子としての達成と娘としての成功の両方を、要求するようになったのじゃないでしょうか。

信田　要求する主体は母ですけど、その母は社会的なモデルにはならないですよね。その辺に問題があるんじゃないでしょうか。普通に考えたら、モデルにもなれないくせに、わたしにだけ要求するんなと思うんじゃないかな。

上野　まったくその通りですよ（笑）。母親は、夫に対する不満とルサンチマンを娘の期待に転化するわけですね。父親はモデルにならない。それどころか夫のモデルにもならない。父親のような夫を持ったとたん、母親のような人生が待っていると、ひたすら教えこまれる。そうすると日本の娘には成熟のモデルがありませんね。

信田　高村光太郎ですよね。「僕の前に道はない。僕の後ろに道はできる」（笑）。

上野　にもかかわらず、股裂き状態になるふたつのレールを母親は娘に示しています。それって八五年に均等法ができて、総合職の女たちが職場で要求されたこととまったく同じ。総合職の女は、男並みの達成を示せと言われるいっぽうで、同時にOLと同じ気配りを示すことも要求された。そんなのやってられない、と彼女たちが悲鳴をあげたのも無理はありません。

信田　わたしの興味としては、その人たちもいずれ四〇になり出産可能な年齢を越えていくわけで、そのとき彼女らの関係はどうなるのかというのがあるんですが。

上野　わたしはその娘たちのことを「女の顔をした息子」と呼んできたけれど、息子としての達成と娘としての成功の両方が本当に娘に可能かというと、そこは本当の息子じゃないから、そこにはどうしても屈折が孕まれる。それを非常にうまく描いているのが小倉千加子さんの『ナイトメア——心の迷路の物語』（岩波書店、二〇〇七年）であり、佐野洋子さんの『シズコさん』（新潮社、二〇〇八年／新潮文庫、二〇一〇年）ですね。たとえば男兄弟がいたら、学校の成績はよくないといけないが、母の自慢の兄を脅かす程度ではいけない。すごく微妙な位置取りをしないと生きていけないんですね。夫にした男からも、自分の妻は世間よりはすぐれた業績をあげなければならないが、夫を超えてはならないと要求される。こういう歪んだ状況にいたら、そりゃあ屈折するでしょ（笑）。

この話の流れだと、どうしても東電ＯＬのことを思い出さないわけにはいきません。彼女が殺されたのは三九歳の時、世間的には「女の賞味期限切れ」と言われる年齢です。企業においても、三〇代の後半で出世競争の見通しはついいちゃう。三〇代の後半は男でも女でも先が見えてしまう時期です。彼女は息子としての達成も娘としての成功もどちらももう不可能だとわかっていたでしょう。

信田　でも、母親は娘がそうなっても痛くもかゆくもないんだよね。しょせん耐久消費財だから。

上野　母親にしてみれば、娘が成功しても失敗してもどちらに転んでもいい。成功したら成功したでいいし、失敗してもそれで自分の手元に残ったまま、あるいは離婚して戻ってくるのを歓迎するでしょう。

信田　どうしたって母の手から娘は逃れられないんです。

上野　娘が失敗したらしたで、母の「しょせんおまえはわたしと同じ女だからね」っていうのが出てくる。

信田　母親は息子に対してはまだ他者性を持っているんです。だから、どこかでそれがすごく脆弱なものであることを知っていて、必死に守る。息子の失敗にはかなり動揺しますね。鬱になって自殺するかもしれないし。でも、娘が自殺するとは絶対に思わないんだよね。それは同じ女としてすごい確信を持っている。繰り返しになるけれども、この何とも厚顔無恥な母親の楽天性がわたしは怖いんです（笑）。だから、娘にそんな必死になることはないよと、あなたがアチーブメントできなくても母親は救わないからねと言ってあげたくなる。でも、たぶん娘はひたすら母につくしちゃうんだよねえ。

男は母 - 娘の絆に割りこめない

上野 そういう母親から逃れるための契機はないんですか？

信田 やっぱり結婚とか出産ですよね。実際に、母親から脱出するために結婚する人がけっこういます。

上野 これまでだと結婚は分離儀礼でした。しかし、いまは結婚が分離の役割を果たさなくなってきた。それって怖くないですか？

信田 ある程度男次第というところがあるんですよね。夫が母と娘の紐帯を切断する存在として機能するんじゃないかという期待をしたい（笑）。

上野 想像できないんですが（笑）、どんなケース？

信田 えーっ！ イメージできない？（笑）つまり、夫が「君は母の娘じゃなくて、ぼくの妻だよ」と言うんですよ。

上野 そんな夫、今どきいます？（笑）

信田 娘は夫となる男性にそう言ってほしいと思うけどなあ。

上野 「ボクの妻」ならまだいいけれど、「ウチの嫁」と言われると困りますね。今日びの娘は、自分からお母さんを大事にしてくれる男を夫に選んだりするんじゃないですか？

信田 そういう人もいるけど、自覚的にこのままじゃいけないという意識で、母のもとからさらってくれる人を選ぶ人もいますよ。

上野 あなたも書いていたように、たしかに性というのは親からの分離の最大の契機だから、結婚はスプリングボードになります。そういうスプリングボード型の結婚は昔からありました。とはいえ、結婚と出産って同じものとは言えません。『墓守娘』でおもしろかったのは、結婚でいったん切れた絆が出産によってもう一度復活しちゃうというところでした。

信田 そこに母親というものの怖ろしさがある。産んだら最後、一生ついてきますからね。

上野 娘のほうでも母親を利用してます。昔と違うのは、働く娘たちが増えて、母親の利用価値が上がったということがあります。

信田 その陥穽にはまった人がなんと多いことか……(笑)。

上野 結婚でせっかく離れたのに、出産によって戻ってきてしまう。それも母親にしてみれば、喜色満面で「ついにあんたもこちらの世界に来たわね」と(笑)。

信田 夫もやっぱりそこでしゃしゃりでてくる母親を利用しちゃうのかな?

上野 夫は妻とその母親に子育てを任せることで自分の負担が減るわけだから、ウェルカムですよ。「キミたち母娘連合で子育てをしてくれたまえ。ボクは関わりたくないので」というのがホンネでしょう。

信田 やっぱり出産までのつかの間のスプリングボードなんですね……。

上野 日本の男は基本的には父親をやる気がありません。男性が親役割を果たしていないことは、さまざまなデータからもはっきり出ています。残業であれ、出張であれ、子育てを免れる他のオプションがあれば、彼らはそれを歓迎するでしょう。男親の子育てへの関与を要求するとしたら、それこそ外国とか物理的な距離を置いて、実家の援助が来ないところに行くしかない。遠くにいても高給のキャリアウーマンなんかだと、積極的に母親を呼び寄せたりもします。母親が、夫を置いて娘の家に「単身赴任」して子育てに参加するケースもあります。

信田　ある地域の保育園なんか多くの母親が医者だったりして、そうするとみんなおばあちゃんが迎えにくるみたいですね。

上野　夫の母じゃなくて、妻の母親ですよね。

信田　そう。小田急線とか京王線に乗って、一時間以上かけて孫を迎えに行って、マンションで世話しつつ娘の帰宅を待ち、その娘は一一時頃に帰ってくるので、帰宅した娘にご飯を食べさせて、ということが日常的に行われている。

わたしは母の娘へのそういう一見無私に見える情熱について、竹村さんが書いていたように――あれは娘から母への思慕でしたけど――母から娘に対する何ともいえない片思いみたいなもの、恋愛感情としか言えないような濃密な何かを感じることがあるんです。

上野　支配じゃなくて？

信田　支配という言葉では言い切れないような、宮崎駿のアニメ――『ナウシカ』の王蟲とか、『もののけ姫』のだいだらぼっちのように、グワーっと迫ってきて、濃密などろどろしたものの中に呑み込んで、「絶対に手放さないぞ」みたいな……。

上野　その背後にあるのは、ポジティブにもネガティブにも、「あんたもわたしと同じ、女だったのね」という同類感じゃないでしょうか？　それは特に出産を通じて発露します。だから、出産を経験していない娘に対しては、母親はその同類感を持てない。

信田　ただ、結婚する時にも娘を手放したくないという親がいるじゃないですか。それで一年間泣き暮らして、メールを一日に二〇通も三〇通も打って……。

上野　まるでストーカーですね。

信田　「ママはこんな気持ちでいるのに」とか、「今日はパパと桜を見に行きました。でも○○ちゃんがいないから寂しくって」とか、それに涙のマークの絵文字がついていたりして。それを一年間やられて娘がおかしくなっちゃったという例がありました。その場合、その娘への思慕というものは一体何なんだろうとわたしは思うんですよ。

上野　それは思慕なんでしょうか？　「あなたはわたしのケアをする責任がある」という脅迫的なメッセージなんじゃないですか？　今の事例を聞いてただちに思うのは、それってほとんど垂れ流しの感情ですね。その垂れ流しの感情は、ひょっとしたら夫に対しては抑制されていたかもしれない感情で、なぜかそれが娘にはただ漏れ状態となる。そうして母親はこのような感情失禁を含めた自分のケアについて「世界中でおまえだけはわたしの面倒をみる責任がある」っていうメッセージを脅迫的に送っているんじゃないですか？

信田　そう言われれば非常に明晰ですし、もちろんそれはわかりますけど……。

上野　それを思慕というのはあまりに美化しすぎだろうと。

信田　母自身は思慕だと思っているんだろうな、と思うわけですよ。息子にそれをするのはやはり社会的なタブーが働いて抑制がきく。ところが娘が相手だとそういったタブー視がない分だけ、底なしになっちゃう。分身への自己愛的なものとも言えないし、この世でたった一人出会った人に向けるような感情なんですよ。

上野 それが強烈な同類感なのでは？

信田 わたしはもっと同性愛的なものを感じるんです。

上野 それはちょっと言い過ぎかも。

信田 やっぱり同じ女として「好きだ」というか……。

上野 でも「好き」なのは、娘が自分の「作品」だからですよ。

信田 まあ作品といえば作品ですね。でも作品はしばしば、作り手の意図をこえてすばらしくなっていくくし、自分の手から離れていってしまうものでもある。それへの執着はやっぱり同性愛的なものがあるような気がします。

上野 それはもしかしたら、これまでの心理学説にまったく新しい知見をつけ加えるかも知れないですね。なぜかというと、これまでの心理学説はすべて子どもの側から語られてきて、親の側から語られた心理学説はなかったので。たとえば「メランコリー」だって、娘の母に対する思慕の抑圧でしたから。母の娘に対する思慕とその抑圧とか垂れ流しについては、これまで誰も理論化していないかも。息子の母に対する思慕と母の息子に対する思慕は、父親の介入で断ち切られるわけですが、母と娘では断ち切るものが何もないわけですね。

信田 そうなんです。そこに流れるあの濃密さが同性愛的に見えてしょうがない。

上野　それを同性愛と言ってしまったら、ほんものの同性愛の人たちは怒ると思いますよ。同性愛では「同性」ということのほかに「他者性」もあって、そのバランスのもとで恋愛関係が成り立っていますから、他者性を欠いた同類感だけの愛着を同性愛と呼んでもらっては困る、と同性愛の人はたぶん言うでしょう。

たとえば息子だったら、あたりまえですけど息子としての達成しかできないわけです。ところが娘という「女の顔をした息子」たちは、息子としての達成＋女としての成功という代理満足を同時に与えてくれるから、母である自分にとっては最高の作品でしょう。同一化という概念を使うのならば、これまでは子どもの側から「同一化」と言ってきたわけですが、今度は母親の側から娘に対して同一化が起きるというほうが、同性愛と言うよりもわかりやすいと思います。同一化は、同一化する側の機制であって、される側には関係ない一方的なものですから。

信田　それを同一化と言ってしまうとちょっと明晰すぎる気がするんですよね。なんでわたしがそこに違和感を感じるかというと、彼女たちの意識自体が自覚的でないという部分においてそぐわない感じがあるからなんです。「同性愛的なもの」とわたしが言うときには、そうして自覚されていないが故に彼女たち自身もそれほど明晰に語り得ないものについて、そういう風に明晰に語ってしまっていいのかなという戸惑いがあるんですよ。被害者である娘側にとっては、明晰にすることに意味があるし明晰に語って欲しいと思っているから、そういう上野さん的な表現はぴったりくるんですけど、母の側には何とも言語化し難い、スライムのような、あるいはヘドロのような感じがあって、本当にああいう人たちをどういう風に言ったらいいのかわからないというところで、「同性愛的」というタームが浮かんだと。

豊かな時代の受難

上野　もう一つお訊きしたいのは、かりに娘が完璧な「作品」でなかった場合、例えば社会的な達成においてもたいしたことがなくて、結婚生活もうまくいかなくて、というようなハンパな作品だった時には何が起きます？　それでも、母の娘に対する思慕は変わらないものですか？

信田　そうした場合は思慕ではないでしょうね。それはもうスケープゴートです。攻撃と貶めで、「なんであなたみたいなものが」という攻撃対象になりますよ。

上野　娘の中には完成度の高い「作品」もあれば不完全な「作品」もある。実際には、ハンパな「作品」のほうがはるかに多いわけですね。とりわけ三〇代も半ばになればもう社会的な達成も先が見えているし、一方では女としての成功にしてもいろんな意味で限界がみえてくる、というのがほとんどの娘のリアリティでしょうね。そういう娘たちに対して母親はどうふるまうのかが、すごく気になります。

信田　わたしたちのカウンセリングに来る人たちというのは、やはり、ある種の極端な層なんです。つまり、いま上野さんがおっしゃったような、どうしようもない失敗作の娘で苦しんでいるか、最高に出来の良い作品だから手放したくないと言って苦しんでいるかのどっちかで、その両極端をみることになる。

上野　それはおもしろいですね。

信田　やっぱり失敗作のほうに対しては本当に貶めつづけますね。そうすることで、娘を自分の奴隷のようにし、自分の側から手放さないという形で支配していく。

上野　失敗作の娘が、母から逃げないのはどうしてなんですか？

信田　それは、虐待する親から被虐待児が逃げられないみたいなものです。こんな馬鹿なことを言う親からは離れよう、とはならないで、「お母さん、わたしこんなになっちゃってごめんなさい」という感じになる。

上野　成功作の娘のほうが母から離れないのは、わたしにはよくわかります。なぜかというと、娘の成功の基準は母が作ったものですから、つまり母の期待を内面化したからこそ成功したわけだから、そこでは母の取りこみが起きています。自分の成功を確かめるためにでも、ほめてくれる母親が必要なんです。だから、娘が成功作の場合のほうが、むしろ母からの分離は難しいと思います。

信田　理論的にはそうですけど、わたしは必ずしもそうは思わない。むしろ、やっぱりスケープゴートのほうが悲劇的なかたちで離れられないということが多いですね。娘たちにもこの上ない罪悪感があり、それを申し訳なく思い、少しでも期待に沿おうと思ってさらに墓穴を掘っていくというデフレ・スパイラルに入っていくんです。

上野　カウンセリングに来ないようなマジョリティの人たちは、何とかそれをしのいでいるわけですか？

信田　マジョリティの人はわたしの本なんかを読んで、「そうかー、わたしだけじゃないんだ」と思ってるんじゃないでしょうか（笑）。

上野　なるほど（笑）。

信田　で、成功者のほうの「作品」というのもやっぱり病気になるんです。上野さんがおっしゃったように自覚的に離れるのが難しかったら、摂食障害になるとか手首を切るとか鬱になるとか、そういうので表現してきます。

上野　自傷系に行くんですね。母親をぶん殴ったり蹴ったりはしないで？

信田　それはしません。摂食障害になってとことんまでひどくなると、ぶん殴ったり包丁を投げつけたりということもなくはないですけど。でもそれはむしろいいんです。さすがに親も自覚せざるを得なくて、ドラスティックに娘に対する考え方を変えますから。

上野　それは娘が三〇代とか四〇代になってから？

信田　そうです。

上野　やっぱり、女に人生のオプションが増えた時代の娘の苦難だと思います。選択肢のなかった時代の女の苦難は、もっとシンプルでしたから。

信田　どちらがいいということでもないけど、わかりやすかった。いまがそんなだからわたしの本のようなものも売れるわけですが、本当に娘は大変ですよ。

スライム母の「こころの友」

上野　最後に、気になっていること。「墓守娘」たちは母親の期待を担ってきっと墓を守るでしょうが、その墓守娘は、母親を見送ったその後、どうなるのでしょうか？

信田　わたしに聞かれても……（笑）。なんとなく見える気はしますけどね。母親を見送って、『おひとりさまの老後』（法研、二〇〇七年／文春文庫、二〇一一年）とか『おひとりさまマガジン』（文藝春秋、二〇〇八年）とか読んでいるんじゃないでしょうか（笑）。

上野　『おひとりさまマガジン』で最強負け犬トリオ——すなわち香山リカ、酒井順子、上野千鶴子——の鼎談をしました。そこで「母親って死ぬまで娘を手放さないですからね、死んだ後まで娘を支配し続けますから」って言ったら、酒井さんと香山さんが顔を見合わせてた（笑）。

信田　おひとりさまにしても「まだ」おふたりさまにしても、いま老後のキーワードは「お友だち」という言葉みたいですね。つまり六〇歳を過ぎた女性たちが「こころの友」を求めているらしいんです。わたしは「こころの友」なんて高校生とか思春期の言葉だと思っていたので、六〇を過ぎた、夫が定年退職をした女性たちがそれを求めているって聞いて驚いたんですけど。

上野　わからないのは、六〇年間「こころの友」なんて持たずにきた人が、なぜ突然そんなことを言い出すんでしょうか。

信田　それは、ひとつには今日の潮流に対して裏側としての面があると思うんです。子どもにそういうのを求めちゃいけないという一種の自己規制が働くと、夫はどうせもうすぐ死ぬし、お友だちということになるんじゃない？

上野　その「こころの友」というのは婉曲語法で、自分の垂れ流しの感情の一〇〇％の受容器がほしいってだけじゃないんですか？

信田　そんな意地悪く言わないでくださいよ（笑）。これもやっぱり思春期に使った言葉ですけど「親友」みたいなものを取り戻したいんだと思います。

上野　夫をはじめとして六〇年近く自分の感情をまるごと受け容れてくれるものなんて持たずに生きてきた女が、年をとってからどうして突然そんなことを言い出すのかがわからない。

信田　やっぱり老後に夢を持っているからですよ。

上野　まだ満たされぬ夢があると思っているの？　成仏しないよ！　この人たち（笑）。そもそも自分をまるごと受けいれてくれる存在なんか、神様か麻原彰晃ぐらいしかいない、ということを学習してくるのが、成熟というものではありませんか。

信田　わたしじゃないんだから、わたしに言わないでよ（笑）。つまり、夫に対する幻想は幻想だとわかった。でもその分、老後に女同士で「こころの友」を作れるんじゃないかという幻想をまだ持っているんですよ。わたしだってそれを聞いて腰が抜けるほど驚きました（笑）。

上野　わたしだって腰が抜けます（笑）。

信田　この人たちは長生きするなって思いましたね。だから、わたしはこの母親たち、怪物のような一群の女性たち、おそらくは上野さんの本を買った七五万人もの人たちも含めて、彼女たちというのは一体どういう人たちなんだろうと思うんです。だから、もちろん墓守娘のその後も気になりますけど、その前に自分と同世代というのもあって、その母たちがどういう人たちなんだろうということに非常に関心があるんです。上野さんは関心ないですか？

上野　もう理解を超えますね（笑）。

信田　あははは（笑）。わたしだって理解できませんよ。

上野　でも心理カウンセラーのあなたはそういう「モンスター」を理解したいと思うんですよね。

信田　そういうのが好きなんです。

上野　だからそういう人たちは信田さんのところに寄ってくるんです。

信田　そういう人たちをさっきスライムって言いましたけど、ぷよぷよした球体のどこかに入り口があって、そこから中に入れるんじゃないかと思っちゃうんです。

上野　六〇年も生きてきて夫への幻想はとっくに壊れたのに、今ごろになって今度は親友だなんていうのはあまりにキモチ悪い（笑）。娘をその代理として垂れ流しの感情の器にするとか。娘が自分の本当の理解者だと、彼女たちは思えるんでしょうか？　六〇年という時間は人間が成熟に至る時間だとすれば、そこまでにさまざまな挫折があり自己抑制を知り、人間関係における節度や距離感を学んでくるわけですよ。それは子どもに対しても同じ。そうやって六〇年間を生きてきたんだから、そのまま後の何十年かも生きていったらいいじゃないですか。それがあきらめきれないのですか？

信田　たぶんそうなんです。専業主婦的状況というのがもしあるとするなら、この世代は専業主婦でやってこられた珍しい世代じゃないですか。そういう世界では見られなかったものを、夫が死んだ後の老後という長い時間で取り戻そうと。

上野　夫が死んだら新しい世界が開ける、と。なるほどね。

信田　そこでは夫の死が条件になっていて、彼女たちは絶対に夫のほうが先に死ぬと思っているんです（笑）。男性の平均寿命までには先があるけど、うちの夫はタバコを吸うし酒も飲むから早く死ぬわって。そして、夫が死んだら「こころの友」が勝負よ、と思っている。

上野　夫が死んだあとに待っている関係には、同性だけじゃなくて異性もありますね。

信田　もちろんです。

上野　夫を看取った後に、死ぬまでに一度でいいから本当の恋愛をして死にたいと思ったり、というのもあるんですか？

信田　それはないと思いますよ。ある人ももちろんいるでしょうけど。やっぱり思春期の何かがそのまま凝固して、それが六〇を過ぎて夫が死ぬかもしれないと思ったときにパラッとはずれて、かつて思春期に持っていた何ともいえない「前世紀の遺物か！」みたいなものがドワーっと出てきているような、そんな感じなんですよ。

上野　それが「こころの友」というかたちで出てくるのは、あまりにも無邪気というか……やっぱり理解を超えますね（笑）。

信田　でも、いま「こころの友」が中高年女性をターゲットにした大部数の雑誌のトップ・テーマだって言いますからね。それくらいの数はいるんです。わたしはそれは非常に面白いと思っています。

上野　彼女たちがそこで異性愛に向かわないのは、セクシュアリティの自己抑制があるからでしょうか？　それとも、夫を通じて、とことん男にうんざりしているから？

信田　それはありますね。その辺のタガがちょっと外れたのが韓流ブームだったんじゃないでしょうか。

上野　ヴァーチャルに解放されたと。しかし、それを聞くにつけても、六〇代以上の日本の女性というのはセクシュアリティから何から、あらゆる面において、抑圧された人たちなんですね。

信田　抑圧されたということがわかった世代ですよね。その前はそれすらわからない、だから抑圧すらなかった世代じゃないですか。この大量にいる何ともいえないスライムのようなおばさん群はそういった意味では先駆けで、それがどっちに向かっていくのか。やっぱり娘にアイデンティファイする方向にいくのか、タガが外れてセクシュアリティのほうに醜悪なかたちで突っ走るか。たぶんセクシュアリティ方面にはいかなくて、やっぱり「こころの友」というわけのわからない思春期再び的なものに落ち着くんだと思います。

上野　「こころの友」を求めても、実際には必ず挫折するでしょう？

信田　あの人たちは挫折なんてなくて、転んでもすぐ起きますからね。

上野　挫折も学習もしないんですか。信田さんのほうがわたしよりもずっときびしいじゃない（笑）。それは結局そういう母親世代の女性たちを集団として社会から排除した日本社会のツケなんでしょうね。

信田　ツケなんだ（笑）！　でも、たしかにそうですね。いい結論が出たところで終わりましょうか。

（初出：『ユリイカ』二〇〇八年一二月号、青土社）

第2章

快楽はどこからくるか

×熊谷晋一郎（くまがや・しんいちろう）

1977年生まれ。小児科医、東京大学先端科学技術研究センター准教授。著書に『リハビリの夜』（医学書院）、『ひとりで苦しまないための「痛みの哲学」』（青土社）。共著に『発達障害当事者研究』、『当事者研究の研究』（以上、医学書院）、『つながりの作法』（生活人新書）がある。

上野　今日は熊谷さんがホストでわたしがゲストですね。できるだけ快楽的にいきましょう（笑）。

熊谷　まずは私と上野さんが出会った頃の話をしてみたいと思います。一三年くらい前ですが、当時は医学部の三年生で、文学部にいらした上野さんから「話したいことがある」と医学部の事務に電話がかかってきました。実は当時上野さんのことはまったく知らなかったのですね。

上野　当時は無名でしたので（笑）。

熊谷　でもとにかく変わった人だなというか（会場笑）、急に何を話すことがあるのだろうと訝しがっていたのですが、聞いてみると上野研究室に海外から留学生が来るということでした。

上野　留学生史上初めて文科省が障害のある車椅子の留学生をメキシコから受け容れ、その留学生が上野研究室を指名してやってくるという体験をしました。

熊谷　それですでに車椅子生活をしていた私に意見を聞きたいという趣旨で通絡を取ってくださった。暇でしたし、ちょっと面白そうだなと思って、アポイントメントを取って会うことになりました。

それで上野さんとは一体どういう人なのだろうと思って、生協書籍部に行って上野さんの書いた本を見てみると、随分変わった本を書かれている（笑）。

上野　下ネタ系（笑）。

熊谷　そう、下ネタばかり目に飛び込んでくる（笑）。当時まったくの理系学生で、社会学のコーナーに入ったこともなくて、ジェンダーなんて全然知らないのに、急に『スカートの下の劇場』（河出書房新社、一九八九年／河出文庫、一九九二年）とか『発情装置』（筑摩書房、一九九八年）とか見せつけられて、こんな恥ずかしいタイトルの本を書く人が先生なんてやってられるんだろうかと（会場笑）、ちょっとショックでした。

上野　はい、品格がありませんので（会場笑）。

熊谷　そもそも社会学のコーナーに行ったのも初めてだったのですが、理系どっぷりの生活だとあまり考えたこともないようないろいろなテーマが並んでいました。とりわけ上野さんの書いたものはちょっと変な感じで、でも会うことだしちょっと読んでみようと思って初めて手に取ったのが『発情装置』でした。

驚きました。面白かったです。どこかで一回はひっかかっているが流してしまっていたことをほじくり出されるような感じと言えるでしょうか。あるいは特に性に関することですが、自分たちが当たり前だと思ってきたことは実は当たり前のことではないのだということを、次々に鮮やかに書かれている。

上野　わたしに会う前に下ネタから上野入門をなさった。そういう予断と偏見を持ってわたしにお会いになった第一印象はどうでした？

熊谷　思ったほど変じゃないなと（会場笑）。本当にすごく変な人だと思っていたので、案外普通の人だなという感じがしました。

上野　おっしゃる通り、すごい変な人だと思っていたけど会ってみたら普通の人で「がっかりした」とよく言われます（笑）。

熊谷　その後メキシコから留学生が上野研究室に来られた後もしばらくお付き合いさせていただきました。そして医学部でもボランティアを募ったりもしました。車椅子で通学するのは結構大変だったので、医学部の学生が毎朝車で送り迎えしたりとか、いろいろな形でお手伝いをしました。

上野　本当にお世話になりました。

熊谷　あのときは楽しかったですね。

上野　楽しかったですね。支援チームができて。また上野ゼミにはかわいいギャルがいっぱいいるんですよ。

熊谷　上野研はみんな変わった人ばっかりだと思ったら、一見普通の学生さんが多い。

上野　それどころか、普通以上にキュートでチャーミングな女の子たちの集まりだったと言ってもらいたいわ。

熊谷　失礼しました。加減がわからなくて（会場笑）。とにかくそんな感じで楽しい学生生活を過ごさせていただきました。その頃のエピソードの一つなのですが、当時私は不忍池の近くにあるマンションに住んでいたのですが、そこで焼肉パーティーを上野ゼミの人たちとやっていたのですね。

そのとき急に上野さんから電話がかかってきて、「今から行くから」と。その声がまた妙に艶っぽいというか何というか。

上野　よくぞ言ってくださいました。わたしは別名「声美人」と言われておりまして、夜中になんかかかってくるとセクシー・フォンかと思われるくらい。

熊谷　「いただいたフルーツがあるから、そちらにお持ちしますわ」と。「じゃあ是非お願いします」ということで、実際に来てくださいました。かなりお酒も回っていて、上野さんがいらっしゃって、かなり気を許した感じでしゃべっていたのですが、そのとき話した内容って、全然覚えてないですよね？

上野　ただでさえメモリーが少ないのに、ここのところどんどんメモリーが脱けてますんで。

熊谷　いろいろな話をしたと思いますが、例えば障害者の自立生活運動のことをみなさんはご存知ですか？　簡単に言うと、七〇年代くらいに障害者の間で起きた社会運動です。それまでは家庭や施設で天寿を全うしていた障害者だったのですが、施設や家庭の中で介助を受けているとどうしてもニーズが拾われない。ご飯を食べたいときに食べたり、水を飲みたいときに飲んだり、トイレに行きたいときに行ったり、という当たり前の主体性が実現しないという辛い時期が障害者にはあったのです。七〇年代に「それはいけない」ということで、地域の中で介助者を集めて自分の主体的な生活を組み立てていこうという運動が起きました。自分もその運動の影響を受けたうちの一人です。ちょうど一八歳になって大学に入って一人暮らしを始めた時期からそうした運動に接触する機会が出てきました。そのとき上野さんにうちの母の話をしたのですね。実は今日も会場に母と妹が来ているのですが……。その中でも特にリハビリの話をしました。小さい頃から受けていたリハビリです。私は母の強い思いはわかっていました。少しでも健常者と同じようになってほしい、リハビリをすることで少しでも体を動かせるようになるようにという思いでやっていたわけですが、やはり子供心に辛い記憶・痛い記憶があるわけです。それで、リハビリに専念したことは、ある部分では、「母の自己満足だったのではないか」と、上野さんに言いました。そのとき、きっと覚えていらっしゃらないと思いますが、上野さんは「まあ、親の気も知らないで、よく言うわね、そんなこと」とおっしゃいました。「親の気も知らないで」とか「親不孝なことを言うんじゃない」とかいう台詞はありふれていますし、実際いろいろな人からそう言われたことはあるのですが、上野さんに言われたそのときの「親の気も知らないで」は何か違った気がしました。じっくりこちらの話を聞いてくれた後に、菩薩のような顔で、「親の気も知らないで」と言った。何となく普段言われているそれらとはちょっと違う気がしました。自分はその頃ジェンダーや社会学を全然知らなかったので、類推でしかなかったのですが、上野さんは同世代としてうちの母が置かれていた社会的・文化的な女性としての状況を当然熟知していたはずです。母がどんな気持ちで自分にあの厳しいリハビリを施したのかということを、母に聞いたこともあります。「どういう気持ちであのリハビリをしていたのか」と。しかし何かストンと落ちない部分がずっと残っていたのですね。ストンと落ちたきっかけは、上野さんの著作をいろいろと読んでからなんです。それは具体的にどの著作とは言えないし、もしかすると上野さんの著作というよりはフェミニズムあるいは女性学なのかもしれないけれど、そういうものを読んで、母親世代の女性が置かれていたさまざまな歴史的・文化的状況を知ることで、勝手ながら自分の中で母との関係が氷解した気がしました。腑に落ちた気がしました。そういう意味では、上野社会学は団塊世代の母との関係というところで、個人史的にもすごく救われたものでした。

上野　今だから明かしますと、このメモリーの悪い上野が覚えていることがあります。自分の言ったことは覚えていないのですが、熊谷さんが言ったことでご本人が今紹介しなかったご発言がありました。言ってもいいかしら？

熊谷　どうぞ。

上野　熊谷さんは車椅子の学生として東大医学部に入った第一号でした。入学したときからずっと学内メディアの注目の的でした。それなのに医学部の建物はまったく車椅子に対応していない。それで準備にてんやわんやだったのです。二年経てば学部に来ることは予期できていたわけですから。だからキャンパスで一番の老朽校舎である文学部で同じような準備をするために参考にならないかと思ってあなたにコンタクトを取りました。そのときにあなたが何を言ったかというと、「ボクが東大に入ったことを、母は自分の手柄だと思っているんです」と。

熊谷　……そんなこと言いました？

上野　覚えてないでしょう？

熊谷　本当に言いました？

上野　メモリーの悪いわたしが、これだけははっきりくっきり覚えております。もちろん「忘れました」と言っていいのよ。人には忘れる権利があるから。

熊谷　忘れました（汗）。

上野　それもかなり吐き捨てるように言いました。

熊谷　そういう時期だったのかもしれません（汗）。

上野　わたしはそれに何もコメントしませんでした。子どもを東大に入れたことは自分の手柄であると、あなたに限らずすべての東大生の親たちが思っています。子どもを自分の作品だと思うしかないような立場に追い詰められた母親にとっては、ましてや二人三脚でここまで漕ぎ着けた親にとっては、とりわけそうです。でも例えばわたしの目の前にいる文学部の学生が、「ボクがここに入ったことを母は自分の手柄だと思ってるんです」と言ったら、やっぱり「一人でここまで来たと思うなよ」と言ったと思いますよ。東大生には常日頃言ってきたのですが、あなたのように車椅子の子どもだったからというだけではなくて、そもそも頑張れば褒められ、手を引いてお尻を持ち上げられ、やれば報われるという手応えを得られるということ自体が、ものすごく恵まれた環境ですからね。そんな環境を自分の手でゲットしたと思うなよ、と。

熊谷　ちょっと動揺が隠しきれないのですが……（汗）。

欲望の主体になること／客体になること

熊谷　気持ちを仕切り直して今日の話題に入っていきたいと思います。でもその話とちょっとつながっている部分もありますね。このシリーズ自体は「痛みの哲学」と言いまして、前回は大澤真幸さんとお話をしたのですが（『ひとりで苦しまないための「痛みの哲学」』（青土社、二〇一三年）、第1章「痛みの記憶／記憶の痛み」）、今回は上野さんに「『痛み』でやりませんか？」と言ったら、「痛みじゃイヤだ」と言われてしまったんですよね。

上野　だって痛みはキライだもの。快楽のほうがずっと好きだもの。

熊谷　そんな話じゃないのに……と思ったんですけど（笑）。でも「快楽ならやってもいいわよ」と言われて、第二回目にして「痛み」から「快楽」へテーマが変わってしまったという（会場笑）。ただ、話しているうちに、共通項もきっと出るだろうと思ってはいます。というわけで、痛みのことはいったん脇に置いて、快楽について考えたいと思います。障害者の自立生活運動について先ほどお話ししましたが、自分も一八歳から始めました。すでに先輩たちが築き上げてきたコースの跡を行くだけですから、たいしたことはやっていないのですが、一人暮らしを始めたのですね。介助者を入れたり、いろいろな工夫をしながら、自分の好きな時間にご飯を食べ酒を飲み、好きなことをやる。始めた当初はやっぱり「自由だなあ」と感じました。それまでは家族が主な介助の担い手でしたので、家族の都合やタイミングを見計らいながら「今ご飯食べてもいいかな」とか、「今トイレに行きたいて言ってもいいかな」とか、つねに周りを伺いながら自分のニーズを調整しつづけていたのですね。あるいはリハビリもやっていましたので、例えばお茶碗でご飯を食べるときも、正しいお茶碗の持ち方をしているかどうか見張られているようなところもありました。一人暮らしをしたらどんな食べ方でもいいわけですし、自分の楽なように楽なようにやっていました。このように始まってすぐはすごく自由を感じたのですが、でもそのうち行き詰まるというか、自由を感じなくなってきました。一人暮らしをしてこれまでの管理された生活から解放された、とよく語られるわけですが、その解放や自由というのは案外難しい。例えば施設を出て一人暮らしをして「何やりたい？」と言われたとき、「えっと……」と詰まって、「彼女が欲しい」みたいな方向へ行く。「彼女が欲しい」というのは一人暮らしを始めた特に男性の障害者にとってはある種の解放の象徴みたいなところがあります。自由の象徴、「あがり」の象徴ですね。「彼女がほしい」「女性と性的に結ばれたい」という、高校生や中学生がパッツンパッツンで想像するような自由・解放をなぞってしまう自分がいるわけです。そういうのはフェミニズムや女性学からすればなんともベタで、『発情装置』を読んでもそれがいかにベタなものか突き付けられるわけですが、しかしある意味では男性中心主義的・女性蔑視的な欲望が解放や自由の旗印になる部分がある。しかし、現実的にはモテないわけです。障害を持った身体は恋愛市場において価値がディスカウントされている。そうじゃないという人ももちろんいますが。でもくだらないことだなあとは思いながらもなかなかそこは乗り越えられない、そういう時期が結構長くあるような気がします。自由や解放を求めていたつもりなのだけれど、既存の欲望のなすがままというか、絡め取られただけだったという感じです。こういうことはいろいろなところで起きていることだと思いますが、どう考えたらよいでしょう。自立生活運動の中にある女性蔑視的なものについては、いろいろなところから再三批判をされてきたものですが、これについて上野さんは関心を持たれたことがありますか？

上野　ジェンダーの非対称性は障害者の世界だろうと健常者の世界だろうと変わりません。しかし今の、「自由になって何をしたいの？」――「彼女がほしい」って、わかりやすすぎますねえ。

熊谷　さすがにわかりやすいことは自分でもわかるのですが、でもそれが出てくる。

上野　秋葉原無差別殺人事件の犯人、加藤智大君が「彼女がほしい。彼女さえいればこんなことしなくてすんだのに。彼女がいないばっかりにボクはこんなふうに人を刺すほかなかった」というのとあまり変わりませんね。その「彼女がほしい」というのは、恋人がほしい、愛されたい、女をモノにしたい、セックスしたい……のうちどれでしょう？

熊谷　混然一体となっていると思います。

上野　混然一体ということでしたら、『女ぎらい』（紀伊國屋書店、二〇一〇年）的に言えば、「オレも一人前の男になりたい」と翻訳するのですが、これで正しいですか？

熊谷　もちろん例外もありますが、おおむねそうだと思います。そういうふうに言語化したことはないけれど、私の場合そのとき意識していたのは健常男性です。健常男性がやっているようなことをやりたい。それが解放であり平等であり自由だと、どこかで思ってしまう。

上野　「オレも一人前の男になりたい」「彼女がほしい」というときの「彼女」は健常者の彼女ですか？

熊谷　これも例外はありますが、おおむね最初に欲望の対象として持ちやすいのは健常な女性だと思います。

上野　わたしは恋愛とは接近の技術だと思っていますので、「お友だちのいないあんたに恋人ができるわけないでしょう」という当たり前のことをまずは思います。お友だちをまずつくる。そのお友だちの中に異性のお友だちをつくる。異性のお友だちとだんだん接近をしていく。エドワード・

ホールに「キネスティクス（身体距離学）」という概念があるのですが、人間には自分の身体の安全を図るための身体距離があります。例えば恐怖を感じたら離れます。接近の技術とは身体の安全装置の掛金を一つひとつ外していくノウハウとスキルなんです。そして最後の掛金を外して海抜ゼロメートル以下になるわけです（笑）。そのとき「ＮＯ」のサインを見逃すか無視するとセクハラ男になりますが。とにかくそういう接近の技術にあっては、お友だちのいる人たちがやがてお友だちの中から恋人をつくっていくわけですから、お友だちのいない人に最初から彼女ができるわけがない。自分の周囲にいる人の中からまずお友だちができ、そこから彼女ができますから、たまたま周囲に健常者がいる場合もいない場合もあるでしょう。それが突然遠くのシンボル、「彼女」っていう「遠隔シンボル」にボーンと飛んでしまうのは何なのでしょう。「お友だちがほしい」のほうが私にとってはずっとわかりやすいのですけれど。

熊谷　「お友だちがほしい」ももちろんあります。ずっと施設の中で生活していたりすると、人と関わる機会がどうしても少なくなってしまうとも聞きます。上野さんが言われたようなスキルを学ぶ機会は当然少ないわけです。ですからそういう意味では、異性に限らず人とどうつながっていいのかわからないという状況には置かれていて、慢性的にさみしい感覚はあると思います。

上野　その中間段階をすっ飛ばして、ゼロから「彼女」まで飛躍しすぎると思うんですね。施設では男女交際は禁止されているのですか？

熊谷　自分は施設でずっと暮らした経験がないのでわかりませんが、そういう人の話を聞くと、それはそれでいろいろあったそうです。しかし自立生活運動で「さあ、解放だ」となったとき、やはり遠くのシンボルがパッと出てくるというのは、よく目にした光景かなと思います。

上野　最初に思ったのは、それって別に障害者だけのことではないなということです。フランツ・ファノンの『黒い皮膚・白い仮面』（原書一九五二年／みすず書房、一九九八年）を思い出しました。ファノンはマルチニック生まれの精神科医ですが、フランスで教育を受けてフランス女を妻にしました。フランス女とは要するに白人の女です。白人の女に熱烈に恋い焦がれ、白い肌を美しいと思い、欲望し、惹かれていく気持ちを抑えられない。美意識は文化的につくられたものですから、植民地統治下では白い女がどうしても美しく見えてしまうし、自分と同じ黒い女は美しく見えない。日本の男だって同じです。ここのところ出稼ぎのエンターテナーがアジア系から貧しい東欧系の女の人たちに移っているのですが、金髪碧眼の女とヤッてみたい、というわかりやすい欲望を持った日本の男はいっぱいいますよね。もちろん金髪碧眼だというだけで萌えてしまう日本の女もいっぱいいますが。こういう植民地的な感性はどこにでもありますから、それが障害者の男性にあるからと言って一概に責められませんが、障害者の男性も「自分も女を一人モノにして、一人前の男になりたい」と欲望するということなのでしょうか？

熊谷　上野さんの本を読むとそういうふうに書いてあって、それは否定できないなと思うものの、そのように言語化してきたことはありませんでした。

上野　そのことにジェンダー非対称性があるかと考えると、障害者の女性ならどう思うかという問いが立ちます。障害者の女性は、自立生活で自由を得たら「男がほしい」と思うのでしょうか。

熊谷　思う人もいますが、どうなのでしょうね。上野さんに送っていただいた安積遊歩さんの『癒しのセクシー・トリップ』（太郎次郎社、一九九三年）という本があるのですが、これは障害を持った女性が自立生活の中で起きたこと、特に性的なことにまつわるエピソードを綴っています。その中で安積さんが脳性まひの男性を捨てて健常な男性と付き合い始めるのですね。障害を持った男性が健常な女性に憧れるのと非常に対称的です。初めて読んだときには結構ショックで、当時二一、二歳だったのですが、「やっぱりそうか」と思いました。

上野　何を美しいと思い、何に萌え、何を欲望するかというのは別にDNAで決まっているわけではなくて、文化的な刷り込みですから。安積さんの話が出ましたが、「健常男性と普通の結婚をしてまともな主婦になりたい」、これが彼女の「あがり」でした。そしていったんあがってみたのですが、あがったところが実は家父長制下の嫁としてとことん抑圧されることだったということに後で気がついて、「やーめた」と彼女はその関係をキャンセルしました。健常者の女性と結婚した障害男性はどうなのでしょうね？

熊谷　あがってみないとわからないですよね。

上野　あがった人もいますよ。視覚障害の男性を健常な女性がゲットするとか。心理カウンセラーの信田さよ子さんに言わせると、視覚障害の男は女にとって究極の愛人だと。なぜなら絶対に自分を他の女と比較しないから。

熊谷　いや、それは違うと思いますよ。何人も思い浮かびます（会場笑）。美人はすぐにわかるそうです。一対一でもわかるらしいのですが、特にわかるのは男友達がテーブルを囲んでしゃべっているような場面です。そこに女性が一人入ってくるとします。その途端に男たちの台詞の選び方や間の取り方が変わる。そこにすべての情報が込められており、その人が美人かどうかはすぐにわかるそうです。ところがその美人は「自分のことを顔で見ない純粋な人」と思うらしい。「馬鹿め、わかってんだよ」と(笑)。

上野　男の態度がそこまでわかりやすく変わるのは、美人の中でもレアケースですね(笑)。世の中の美人はたいがい、「そこそこ美人」程度ですから。『冬のソナタ』のヨンさまはなぜ最後に失明で終わるのか。恋人の若くて美しい姿を瞼の裏に焼きつけたまま一生涯他の女を見ないでただ一人「北極星のように」動かない愛をキミ一人に捧げる、これぞ女の究極の勝利だと。これをつくったシナリオ・ライターが女だということがよくわかります。男性が障害者だと、強者であるはずの男性が自分に依存せざるをえない。自分がその男性に対して支配的な位置を生涯にわたって保てる。こんな快楽があろうか――これが心理カウンセラーの信田さよ子さんの説です。

社会制度の中、例えば結婚の中に入っていって普通に夫になる・妻になる、それが社会的な「あがり」だと考えられており、それを男性も女性も、障害者も健常者も、ともに証明したいと思っている。先ほどの安積さんの場合、もともと健常の女性にとっても「主婦になる」という「あがり」はちっともうれしくないものなのに、ましてや障害を持った女性にとってはもっとうれしくなかったということがわかって、結婚をキャンセルしてしまったということです。ここに性的欲望というファクターを入れると、男性の障害者が女性をモノにしたい、つまり性的欲望の主体になりたいと思うことと、女性の障害者が「わたしも性的に欲望されたい」「性的欲望の客体になりたい」と思うことは、パラレルでしょうか？

熊谷　一つのシナリオに沿っているけれど、役割が男女で対称ではないと思います。

上野　「わたしも性的欲望の対象になりたい」と障害者の女性が欲望するとしたら、実のところ現実によってとっくの昔にその欲望は達成されています。障害を持った女性が性的欲望の対象から外されてきた歴史なんてありません。認知症のおばあさんだって、寝たきりのばあさんだって介護男性からセクハラを受けています。ですから、障害があろうがなかろうが、年齢がいくつだろうが、ブスだろうが、男の性的欲望の対象になるという経験を女性は現実の中でイヤというほど経験していますから、今さら「わたしが男の性的欲望の対象になることがわたしにとってはあがりであり、女であることの証明だ」と障害を持っている女性は思わないのではないでしょうか。どんな男にそういう欲望を持ってもらいたいかという選好はもちろんあると思いますけれど。

熊谷　私は性的欲望の対象になりたいほうなので、ちょっと特殊かもしれない。

上野　話がいいところに来ましたね。特殊ではないと思いますよ。わたしは今日は欲望と快楽の話をしたいと思っていました。今のあなたの話だと、男性障害者のあがりは「健常男性並みに性的欲望の主体になりたい」ということだと。女性から愛されたり、向こうから寄ってこられたら、最高かもしれないけれど、それができなければ最悪の場合にはお金を出して言うことを聞いてくれる女性を買ってもかまわないとさえ思う。いずれのかたちであれ、性的欲望の主体になりたいと思う。それと女性障害者にとって性的欲望の客体になりたいというのはまったく非対称だと思いますが、そもそも欲望の主体になるということは一体どういうことなのだろうか。

ジェンダー非対称性のもとでは、男は欲望の主体という役割を引き受け、そのことが男性性の担保になっている。一方で女性は欲望の客体という役割を引き受け、それが女性性の担保になっている。これは非対称だと思ったリブの女たちは、今から四〇年も前に、女も欲望の主体になるべきだと考えて、標語を掲げました。「抱かれる女から、抱く女へ」と。それでいろいろ実践してみたのですが、やってみた後で述懐したことには、「以前のほうが快楽は深かったわ」と。どう思われます？

熊谷　自分に引きつけて考えると、そうだろうなという気はします。

上野　あなたに引きつけてということがどういうことかは、後で聞かせていただきましょう（笑）。わたしは『スカートの下の劇場』でパンティの歴史について書きました。そのとき女が何に萌えるか、何に発情するかを考察したのですが、男が何に発情するかと女が何に発情するかには、どうも根本的に非対称性があるらしいということに気がつきました。男は自分ではないもの、客体にしたもの、つまり女に発情します。しかもその女のパーツに反応するということも後でわかりました。人格とかではなく、脚とか胸とか、身体のパーツです。女が自分では絶対に見ることのできないうなじとかひかがみとか、そういうボディのパーツに発情するというのもありました。とにかく自分ではないものに発情します。それが欲望の主体であることの一つの証明になります。

では女は何に萌えるかというと、男に萌えるわけでも男の身体のパーツに萌えるわけでもなく、男に欲望される客体としての自分自身に萌える。女性の発情装置が男性目線の回路をいったん通って、屈折して自分に戻ってくるという非対称性を持っているということが、あの本でのわたしの発見でした。『発情装置』には「エロスとは発情のための文化的シナリオである」と書きました。文化というのは学習と歴史の産物ですから、変化します。ですから今でも当時と同じかどうかわかりませんが。

欲望の主体であることと欲望の客体であることとでは、快楽をどのように経験するかというとイコールではありません。欲望の主体であるからといって快楽は保証されません。欲望の主体であるということは、自分の欲望をコントロールしぬくということを意味します。欲望の客体であるということは、そのコントロールを外れること、out of control であること、快楽が受動的であることを意味します。

若かった頃、『性愛論』（河出書房新社、一九九一年）の中でいろいろな人と対談しました。その中に植島啓司さんもいます。彼がこんなことを言いました。「快楽が受動的なものだということを女の人ももっと学んだほうがいい」と。わたしは直ちに反論して、「そのとおりだが、それを学ばなきゃいけないのは男のほうでしょ」と言いました。あなたが「敗北の官能」などというそそる言葉をおっしゃったので、乗ってみようかなと思ってここまで来てしまいました（笑）。

熊谷　先ほど言ったように、障害者でも健常者と同様に欲望の主体になろうとして女を抱こう・彼女をつくろうとするのだけれど、自分はそれに人並みに煽られつつも、どうもいまひとつ乗り切れないところがありました。欲望の主体になることに乗り切れないのです。それについては『リハビリの夜』（医学書院、二〇〇九年）でも書きました。昔から自分は欲望の主体になって気持ちよくなるという回路がどうもインストールされなかったと言えるかもしれません。アダルトビデオも雑誌も昔は男性が欲望の主体になって女性をものにするという形式ばかりでしたが、そういう欲望の形式にどうも体がそぐわない感じがしていました。どちらかというと、客体になるというか、欲望されるモチーフのほうが、五、六歳の頃からゾクッとしていました。そういうこともあって、自立生活運動の中の「さあ、欲望の主体になろう」みたいなものにはいまひとつ乗り切れないところがありました。どうしてそういう違いが生じてしまったのか、自分にとっても謎だったのですが。

上野　あなたの特殊ケースだとは言えないでしょう。なぜなら、自分が欲望の客体になるほうに快楽を感じると口にするのは、男にとってタブーでしたから。それが事実であっても、です。男らしさと抵触しますからね。欲望の主体としての男の性感——性感と性欲は違いますが——は実は不感症なのだ、と言ってしまったのが森岡正博さんです。わたしが男性を見ていて御苦労さまだなあと思うのは、とことん欲望の主体でありつづけるということは、自分をとことんコントロールの下に置くということだからです。自分のコントロールの下に自分の身体のみならず相手の身体も置こうとします。

男性の性的不全症の中に勃起不全症があります。もう一つ、勃起まではできるが射精できない射精不全症もあります。射精不全症の人の話を聞いたことがあるのですが、なぜできないかというと、最後の忘我ができないとのことです。我を忘れるということは out of control になることですが、それができない。性交不全症とも言われますが、セックスとは、性器挿入を伴う射精まで至った性交だけが完全なセックスと言われますので、途中で終わると「不全」と言われるのです。

快楽には受動性があります。その受動性の中にあるのが、同意です。受動性に対する同意を、男の人は持てないとまでは言わないけれど、たいへん持ちにくいのではないでしょうか。

熊谷　まさにそういうことを「敗北の官能」という言葉の中には込めました。

快楽の条件

熊谷　話がちょうどいいところまで来ましたので、一回整理してみたいと思います。out of control、あるいは受動性というキーワードが出てきましたが、一方で上野さんは欲望と快楽は違うというふうにおっしゃっていますよね。この二つの関係、つまり欲望と快楽はどのように違うのかという話に移っていきたいと思います。

上野　欲望の主体になったところで、快楽は保証されませんよね。欲望の客体になっても、もちろん快楽は保証されませんけれど。欲望を持つこと、あるいは欲望を持たれることと、快楽を得られるかどうかはまったく別のことです。なぜ快楽は自己完結しないのか。

性的な快楽に限定するとして、快楽には他人無用の快楽、つまりマスターベーションがあります。もう一つが相手のあるセックスです。ここのところセックスに関する研究が進みまして、アメリカのセックス調査である『セックス・イン・アメリカ』（NHK出版、一九九六年）を読んでいて本当にびっくりしたのですが、「プライベート・セックス」と「パブリック・セックス」という区別があったことです。パブリック・セックスというのは人前でするセックスかと思ったらそうではなくて、一人以上の他人の身体が介在するとパブリックな領域におけるセックスと呼び、自己身体で完結するとプライベートと呼ぶのです。つまりプライバシーというのは自己身体にまで局限されているわけです。わたしは性交とマスターベーションを「他者身体とのエロス的な関係」と「自己身体とのエロス的な関係」と区別しました。ここのところにもし「痛み」を入れたとしたら、「自己身体とのタナトス的な関係」と「他者身体とのタナトス的な関係」という応用がきくかもしれません。また、セクシュアリティ研究では、マスターベーションと相手のあるセックスに代替性がないということまでは言われるようになりました。昔はオナニーは相手のいないかわいそうな人がやるものだと思われていたのですが、データというのはすごいもので、性交頻度、つまり他者とのセックスの頻度の多い人ほどマスターベーションの頻度も高く、その逆ではないということがわかっています。いつでも性的に身体を活性化している人は、他者身体にも自己身体にも共にエロス的なドライヴがかかる。そうでない人は両方とも低位に安定している。この調査のもう一つおもしろいところは、セックスを頻回にしていることとセックスをほとんどしていないことと、その人の幸福感との間に何の関係もないということを明らかにしたことです。つまり快楽と幸福は関係なく、ヤッたからといって幸福になるわけでもなければ、ヤらなくても不幸にならないということもわかりました(笑)。

マスターベーションと他人の身体を伴うセックスとが代替可能なものではなく、むしろ自己身体とのエロス的な関係、自分の体のどこが快感のツボかということを知りもしないで他者身体とエロス的な関係を取り結べるわけがない。だから「マスターベーションもしないで他人とセックスするな」ということになる。

ではマスターベーションと他人とのセックスでは、どちらが快楽が深いのか。最近のおたく青年たちは二次元萌えをして、「生身の女は想定外のふるまいをするから面倒くさい」と言います。「こんな面倒くさい女と面倒くさいことをするくらいなら、ヴァーチャルで自分のコントロールの効く二次元平面のギャルを相手にしてマスターベーションをしたほうがいい」と。そういう人たちもいますが、にもかかわらず、他者の身体が介在するセックスに対する欲望や希求がなぜなくならないか、あるいはマスターベーションだけでは代替できない欲望がどうして人間に残りつづけているのか、さらになぜ他者身体とのセックスがより深い快楽だと感じられるのか、こういう謎は残っていると思います。

熊谷　パブリック・セックスとプライベート・セックスの違いについてのお話が出ましたが、まだそのへんの整理がついていません。ここでは快楽には他者が必要だということを自分なりに拡張して解釈してみます。

みなさんも経験があるかもしれませんが、他人にくすぐられるとくすぐったいけれど、自分で自分の体をくすぐってもくすぐったくない、少なくとも他人にくすぐられるのと比べれば、自分の体をくすぐったほうがくすぐったくないということがありますね。これはなぜかという研究があるのですが、一説によると、人間の中には「内部モデル」と言われるものがあって、これは自分の出した運動指令——例えば「右手をあげる」など——と、それによって生じる知覚的な変化——目の前の右手らしき物体が上に動くこと——、あるいは右手をあげたことによる筋肉や皮膚からの情報が脳に戻っていって、確かに右手は動いたと確認する。このように運動指令を出すと感覚のフィードバックが戻ってくるのだけれど、人間の内部モデルは運動指令が出た瞬間にもう予測をしてしまうのですね。内部モデルはどんな感覚フィードバックがこの後戻ってくるかを予測してくれる計算機なんです。

ですから自分でくすぐったときというのは自分で出した運動指令ですから、内部モデルが大体どれくらいくすぐったいかすでに計算してくれている。実際その計算通りのくすぐったさが戻ってきたとき、人はそれをあまり強い刺激だとは感じないのです。ところが他者が自分をくすぐった場合、運動指令を出しているのは自分ではないので、内部モデルは何も計算していません。何も予測していないところにいきなりくすぐり刺激が入ってくるので、くすぐったいと感じる。このように説明されています。これを「予測誤差」と呼ぶのですが、自分の予測したこととフィードバックとの間に誤差が生じて、それが実はくすぐったさなり快楽なりの必要条件になっている。予測誤差がないところに快楽は生じない、ということかもしれないですね。

くすぐったさに限らず、強い刺激・強いエモーションは、そういうふうに自分の予測を超えた刺激が入ってくることによって生じると言えます。これは先ほどの上野さんの、他者がセックスに必要だという話につなげることができると思います。

上野　くすぐったさは快楽とスレスレですね。赤ん坊だってくすぐると嬉しそうに笑いますものね。

ちょうど性革命の時代でしたから、リブの女たちはいろいろな実験をしました。例えばレイプ・ポルノがありますね。「イヤよイヤよもイイのうち」で、レイプされた女が最後は快感に喘ぐという。嘘だろうが、と思うけれど、女だってレイプ・ポルノに萌えるだろう、ということで、じゃあ本当に萌えるかどうか、レイプ・ポルノを実際に観て自分の肉体で検証しましょうという女たちがいました。おもしろい時代でしたね。実際に見てみたら、萌えたわけです。それでみんなで分析しました。一体あのときわたしたちは何を感じたのだろう、と。その答えは、欲望の主体ではなく客体であるということの無責任さ、でした。欲望の主体であることには責任が伴います。その責任を譲渡して自分を明け渡すという無責任さ、快楽に責任を持たなくてもよいというエクスキューズができる。何しろポルノは現実ではなくヴァーチャルですから、シナリオがあってそれが想定を超えないという安心感もある。この二つがあるとレイプ・ポルノに女はしっかり反応するということがわかったのです。

今の話とつなげると、まず予測誤差があるということ、つまり自分がコントロールしぬけないという自己放棄が前提になっている。にもかかわらずその予測誤差が危険や不安の範囲を超えないということに対する安心感があるということ。この両方の条件が同時に充たされていると、女はレイプ・ポルノにちゃんと反応する。この条件を抜きにして、「女はヤられたがってるんだろ」というのはたんに野蛮な文化というものです。

熊谷　それでようやく痛みの話とつながってくるのですが、レイプ・ポルノは文脈を共有していなければ単なる痛みに過ぎない。しかししっかり文脈を共有しているところではちゃんと感じられる。このとき思い出すのが、予測誤差は最近の研究だと痛みの理由にもなっているということです。

例えば交通事故でケガをしてしまい右腕を切り落としてしまう。そうするとなくなったはずの右腕がいつまでも痛みつづける。幻肢痛と呼ばれるものですが、ここで何が起きているかということも、一部は先ほどの内部モデルで説明ができる可能性があります。本人の持っている内部モデルはかつて腕があったときのモデルです。ですから運動指令を出したらきっと右手が動くだろうことを予測している。ところがもはやその腕はない。そこに予測誤差が生じていて、それをその人が痛みとして感じ取っている。何も右腕を切り落とした人だけではなく、途中で障害を負ってしまった人も、あるいは高齢になって体の節々が動かなくなってきた人も同じです。従来の内部モデルと実際の体がずれてしまって、その予測誤差を痛みとして感じ取ってしまう。そう考えると、予測誤差は一緒なのに、一方では快楽になり、一方では痛みにもなる。

上野　そこはあまり一般化して考えないほうがよいと思います。予測誤差に身を任せるときは主体性を放棄しているわけですね。痛みも快楽も out of control、すなわちある種の自己の譲渡だと考えましょう。主体性を明け渡すわけですから。そのとき安心して自己の譲渡ができるかどうかです。逆の言い方をすれば、自己譲渡はするが安心してできるかどうか、がすごく大事になってきます。そこが快楽の条件だろうと思います。痛みは同意がなくても与えることができますが、快楽だけは同意がなければ与えることができないとわたしは思うので、だからこそいわゆる男目線のレイプ・ポルノの「イヤよイヤよもイイのうち」はまったくの嘘っぱちだと思うんです。どこかで同意の契機が入らない限り、女性がレイプから快感を受けることなんてありえない。

もう一度、勃起不全症や射精不全症の話をすると、うまいことを言った人がいますね、「射精はそのつどの小さな死だ」と。「小さな死」を経験するためには安心して死ぬことができなければいけない。安心感を持てないところでは、男は自我の譲渡ができない。同じことをレイプ・ポルノに関して言うと、安心して自我の譲渡ができるシチュエーションでなければ、レイプだろうが何だろうが、女性が快楽を感じることはできない。

熊谷　安心というのはキーワードになると思います。例えば片腕を切り落としたり片脚を切り落としたりした人がどういうサポートを受けたときにその痛みが早く消えるかという調査があります。ざっくばらんに言えば、社会、つまりその人の周りにいる人やシステムが新しい身体を受け容れたときなんです。それを促すサポートを「社会的サポート（general social support）」と言います。

予測誤差は「もうあなたの内部モデルは古いですよ」というメッセージと言えます。そして「そろそろヴァージョン・アップしないとダメですよ。内部モデル（予測）を更新してください」というメッセージを痛みとして感じるわけです。だけど新しい身体を誰も受け容れてくれないのだったら、アップデートする筋合いはないわけですよね。先ほど「小さい死」と言われましたが、内部モデルは自分がどんな身体を持っているかについてのモデルで、自己の中核にあるものだといわれています。ということは比喩的に言えば、それを更新するというのは既存の自己のある種の「死」とも言えるでしょう。予測誤差が生じているとき、新しい身体を周りの誰も受け容れてくれなかったら、内部モデルを更新することができない。そういうふうに自己放棄できない状態の予測誤差はずっと痛みつづけるのだろうなと思います。ところが本人の努力だけでなく、周囲の人間が新しい身体を受け容れてくれたとき初めて内部モデルの更新が動機づけられ、予測誤差は消失していく。それで痛みが緩和していく。その受け容れられる、アクセプトされるという安心感は凄く大事だと思います。

上野　あなたが以前に大澤さんと対談なさったときの言葉で言うと、「物語化された痛み」、「意味づけされた痛み」は痛みでなくなるということですね。

快楽のことを、古代ローマの人たちは「エクスタシア（extasia）」と言いました。エクスタシー（恍惚）とかオーガズム（性的絶頂感）の原語ですね。エクスタシアは、今の状態から外に出ること、つまり「忘我」とか「脱自」と訳します。うまいことを言ったものだなと思います。古代の人はちゃんと経験則を知っていたのですね。そうやって自分から脱けだす、脱皮する、違う自分になっていく、脱中心化していく、そうしたときに痛みは痛みでなくなり、快楽は快楽になる。

「なるほどな」と、ここで話が大団円になればいいのですが、そうはいきません（笑）。そうなると、安心できる予測誤差がないと、もっともっと強い刺激へと嗜癖が強まるのでしょうか。習慣化された快楽は快楽の価値が逓減します。そうすると、熟知したパートナーよりも新しいパートナーのほうがよくなるのかな（笑）？

熊谷　予測誤差への感度というものがあると思います。同じ予測誤差を前にしても、気づかない人は気づかない。昨日と今日は全然変化しているのに、気づかない人もいます。

上野　予測誤差の程度は、パートナーを変えたほうがもっと大きいですよ（笑）。

熊谷　そこは自分は何とも言えないですね。極端に言えば、マスターベーションですら他者性があるのではないかと思うときがあります。マスターベーションはプライベート・セックスと言われましたが、本当に予測誤差ゼロの状態かと言われると、ちょっと違う気がするんですよね。物の配置とか、扇風機の風とか、大地へ開かれる感じというか、環境に向かって自己放棄している感じはあると思うんですね。自分はつねづね物と人を分けずに考えるので、余計にそう思うのかもしれないですけれど。大まかに言うとプライベート・セックスのほうが他者性が低いけれど、まったく他者性がないのでもなさそうだと思います。

上野　それはやはり自分の身体という思うようにならないものと長期にわたって付き合ってこられた熊谷さんならではの貴重なご発言ですね。実のところ、「健常者」と言われる人たちは自分の身体が自分の随意に動くと勘違いしている人たちのことなんですよね。そういう意味では他者はまったく思うようにならないし、ましてや子どもほど思うようにならない他者はない。では自分の身体はどうかというと、自分の身体こそ最初の他者だと思います。思うようにならないし、思うようになることが奇跡に近い。思うようにならないものがある一時期思うようになるように感じる時期があるかもしれませんが、そのうちいずれ随意に動かなくなってくるときが確実に来ます。これが加齢です。

熊谷　ですから加齢は気持ちいいと思いますよ。予測誤差だらけですから。

上野　そう、予測誤差だらけ。

熊谷　周りが受け容れてくれればですけれど。

上野　あなたの説だと、予測誤差には痛みになるものと快楽になるものがあるから、そうするとその分岐点が、安心感があるかどうかということになるということでしょうか？

熊谷　今の加齢は痛いですね。

上野　今の高齢者たちは変化していく自分の身体の予測誤差を受け容れることができない人たちですからね。

熊谷　ますます「ピンピンコロリ」（病気に苦しむことなく、元気に長生きし、病まずにコロリと死のうという意味の標語。略してＰＰＫ）を目指させられている。

上野　話が文明史的なところにまで来ましたね。

――熊谷さんは介護を受ける立場として通常の方よりもかなり不特定多数の方に接近だけでなく接触をされていると思います。そのとき不特定多数の方に接触された自分の身体を予測誤差ということではどのように処理されていますか。

熊谷　介助者は他者ですから、触れられることに予測がつかないのですね。どこにどのタイミングでどういう順番で触れられるか、まったくわからない。特に初めての介助者がやって来たときというのは予測誤差だらけで怯えます。そのときに自分がよくやっているのが「幽体離脱」です。相手の体の中に入ろう入ろうとするのです。そして相手の体の内側から予測する。自分の体の外に出て、相手の動きを頭の中で追体験することで、あたかも自分が自分に触れているように触ってもらう。ちょっとでもそういうイメージになるように仕向けています。

それが相互に起きているとすごくよいパートナーシップができます。介助者も障害者の体の中に入っていって触れられる状態を追体験しているとき、予測誤差が二人の内部モデルをどんどん更新していく回路に入っていき、やがてピタッとはまる。これが一方通行だとかなり危ないです。向こうが全然こっちに入ってきてくれないのに、こっちだけ向こうに「憑依」している状態はかなり危ない。向こうは「このやり方だ！」みたいな感じで来ているときは危ない。

上野 それってセックスと限りなく近いですね。

熊谷 近いですね。ですから他者性をどう飼いならすか、予測可能にしつつどう結びつくかが、介助関係では問われてきます。

上野 そう考えると、セックス・ワーカーというのは危険な仕事ですね。

熊谷 そうですね。でもその危ない思いを自分も介助者にさせられている。怖い思いをした経験もありますからね。

――フェミニズム・女性学と当事者研究は一見親和性が高く、実際実りある「共闘」を果たしているのは間違いないと思いますが、一方で両者の主張を歴史的に仔細に析出してみれば、無前提に「共闘可能」と見込んでしまうのも拙速だろうと思います。そこで、これからの両運動／研究は、何を共通の目的とし、どんな戦略をもってするのか、そしてそこで想定されうる陥穽は何であるのか、現時点でのお考えを伺えたら幸いです。

熊谷 同化的なリハビリをめぐって、かつて私と母が衝突したり、あるいは自立生活運動の中にホモソーシャルで女性蔑視的な動機づけがあったりなど、女性と障害者の利害が衝突する局面は確かにあります。

過去を振り返ってみれば、一九七〇年代、障害児への養育責任を一手に負わされていた母親が、わが子の将来を案じて殺したり、心中したりという痛ましい事件が相次いでいました。そのような事件が起こるたびに、世論は母親に同情し、減刑を嘆願する運動や、母親の代わりに障害児の面倒を見るための施設拡充を求める運動が起きていました。

そのような流れに対して、健常者中心の優生学的な社会のあり方をラディカルに問いつづけた「青い芝の会」という脳性まひ者を中心とした運動団体は、減刑嘆願に反対する運動を起こしました。世論は、健常児を殺した母親の減刑を嘆願することはないにもかかわらず、障害児を殺した母親の減刑は嘆願する。これは端的に、障害児は殺されても仕方ない存在であるとみなす優生思想の現れであり、許されるべきでない、というのが、青い芝の会の主張でした。これも一見、女性の立場と障害者の立場が鋭く対立しているような図式です。同様の対立は、出生前診断によって女性による中絶の自己決定権を保障することへの、障害者からの異議申し立て運動の中にも垣間見られます。

しかし、複数のプレイヤーの利害が対立するかどうかは、社会の制約ルール如何によって変わりえます。例えば右に述べたような女性と障害者の対立図式は、ニーズではなく労働生産性によって人の価値を値踏みする時代遅れの優生思想や、障害児の養育責任をその家族、とりわけ母親に背負わせて二次的依存状態にさせる、家父長制といったルールを前提としたときに生じる、弱者同士の対立図式であると言えます。当事者が、自らの利害と対立図式に拘泥してしまい、よりマクロな制約ルールの問題が不問に付されてしまうとしたら、分断統治が徹底し、問題は解決していきません。利害という目的によって凝集力を維持する当事者運動においては、このような視野狭窄に陥ることはままあります。

それに対し、女性学を含めた当事者研究は、利害によってではなく、「知りたい、知ってほしい」という知へのモチベーションによって駆動される実践だと考えています。その過程で、自分の既存の認識や実践の枠組みから見れば予測誤差である他者のふるまいが、より包括的、多面的、巨視的な枠組みへの更新を可能にする新規データとして、積極的に取り込まれるのが理想です。それがたとえ、利害を異にする他者であってもです。実際わたしは、女たちの当事者研究だった女性学に触れることで、母親との関係をよりマクロな構造でとらえなおすことができたのでした。当事者研究は、当事者運動だけでは陥りがちな視野狭窄や利害対立から脱し、本当のマクロな敵に向けて共闘するための契機を与えてくれるものではないかと思っています。これに関連して補足すると、減刑嘆願反対運動において、青い芝の会は母親を責めたのではなく、親と子をそこまで追い詰めた世論や社会のありようを批判したという事実は意外と知られていません。

むろん、研究と運動は循環します。運動は研究にとって、自らの立てた仮説を検証する実験のようなものであり、逆に研究は運動にとって、自らの立てた目的を調整・達成するためのツールのようなものです。青い芝の会の残した言葉の中にも、「脳性マヒ者としての真の自覚とは、鏡の前に立ち止まって（それがどんなに辛くても）自分の姿をはっきりとみつめることであり、次の瞬間再び自分の立場に帰って、社会の偏見、差別と闘うことではないでしょうか」というものがありますが、わたしはこの言葉を、運動と研究が循環しつづけなければならないというメッセージとして受け取ってきました。

障害児として母親との格闘を経た後、二〇代で女性学に喝を入れられ、現在小児科医をしているわたしが、障害児を持つ親に一番伝えたいこと、それは、障害児であろうが健常児であろうが、親だけで育てることは非常に難しいことなのだという事実です。核家族に象徴される近代家族は、「積みすぎた方舟」（マーサ・A・ファインマン『家族、積みすぎた方舟』学陽書房、二〇〇三年）と言われるほどに、養育をはじめとしたさまざまな責任を背負わされています。一人で責任を引き受け、一人で育てようと思えば潰れるのはむしろ当然ですし、よいことはありません。育児は、社会にヘルプを出しながら行うものです。

しかし、子供にとって親が大きな存在であることもまた、障害の有無に関係なく、事実と言えるでしょう。社会は、障害児の前に立ちはだかります。一人では、闘えません。そんなときに、家庭が、厳しい社会の出先機関になって、「社会の厳しさを教えよう」といったスパルタに走ることも、また、社会の厳しさに触れずに済むようかくまう、隔離施設になることも、どちらも抱え込みすぎています。むしろ、子供と一緒に、社会の中に出て行って、親亡き後も生存可能な場所を切り開いていけるよう、サポート役になるのが親の務めではないかと思います。

未踏の社会に対して、失敗しつつも一歩を踏み出しつづけられるのは、どこかで社会のこと、他人のことを信頼している子供です。その、いわば根拠なき他人への信頼は、おそらく親との関係によって育まれる部分が大きいように思います。困ったときに誰か助けてくれるはずだと信じ、助けを求められるようになるには、困ったときに、下手でもいいから誠意をもって応じてくれた親との関係の記憶が、何よりの財産になるでしょう。そしてまた、自分を育てるにあたって、困った親が社会にヘルプを出したということ、そして、社会が親を救ってくれたということを、子は見ています。小さい子にとって、自分と親の境界線はあいまいで、親が社会によって助けられる姿は、自分が社会によって助けられる姿と不分離なものです。子が社会を信頼できるようになるという意味でも、育児を抱え込まず、社会にヘルプを出す姿を子に見せることは大変重要だと思います。

上野　熊谷さんが障害者と女性の対立は対立のように見えるけれども、実は障害者と女性を対立させる社会への告発を含んでいたんだと言ってくださったのはうれしいです。フェミニズムもずっと同じことを言ってきましたからね。それに親の役割が「根拠のない信頼」を子どもに与えることだというのも、エリクソンなら、同じことを「基本的信頼」と言うでしょう。「基本的信頼」とは、本当は根拠のない信頼ではなく、「重要な他者」（母に限りません）から与えられる根拠のある信頼なんですね。この信頼感を持たずに育つ子どもたちが多いような気がして胸が痛みます。

当事者研究について言うと、当事者研究の抵抗勢力は学問の「中立性・客観性」の神話です。神話というのは、「根拠のない信念集合」の別名のことです。女性も障害者も社会的マイノリティとして、自己定義権を奪われてきましたから、その獲得要求をしてきたわけですが、そのためには「女という経験」「障害者としての経験」がどんなものか、当事者の経験を言語化し、理論化する試み、すなわち当事者研究が不可欠です。なぜなら「女という経験」「障害者としての経験」がどんなものか、あまりに知られていないからです。「女という経験」については女性学・ジェンダー研究が四〇年間の蓄積を持っていますが、むしろ「男という経験」についての言語化が不足しているかもしれませんね。他方、「障害者としての経験」については、熊谷さんのような人たちがようやく言語化してくれるようになってきました。もちろんこれまでも「障害者としての社会的経験」については差別論やアイデンティティ論が語ってきましたが、「障害があるということ」についての身体的経験については、ようやく語られてきたのではないでしょうか。身体というものが学問の探究対象になったこと自体が新しいのだと思います。その点では、「男という身体的経験」についても、言語化はまだこれからでしょう。そして「加齢という経験」についても、まだまだこれからですね。なすべきことはたくさんあると思います。お互いに学び合うことも。

（初出：『現代思想』二〇一二年一月号、青土社）

第3章

ケアの値段はなぜ安いか

×立岩真也（たていわ・しんや）

1960年生まれ。立命館大学院先端総合学術研究科教授。専攻は社会学。著書に『弱くある自由へ』、『希望について』、『造反有理』（以上、青土社）、『自由の平等』（岩波書店）、『ALS』（医学書院）、『良い死』、『唯の生』（以上、筑摩書房）、『私的所有論　第2版』（生活書院）、『自閉症連続体の時代』（みすず書房）など。共著に『税を直す』、『ベーシックインカム』、『差異と平等』（以上、青土社）、『流儀』、『家族性分業論前哨』、『生の技法　第3版』（以上、生活書院）など。

「介護崩壊」をどう考えるか

上野　今回のテーマが〈労働としてのケア〉であることには、非常に感慨深いものがあります。と言うのは、わたしがやってきた「不払い労働」論のなかでは、「家事は労働なのか」という議論が長い間ありました。「家事は労働ではない」という経済学者の公式見解に対して闘い続けた結果、ようやく「家事は労働だ」というコンセンサスを得たわけです。

その中でもケアが焦点化されて、「ケアは労働だ」というコンセンサスが成り立ちました。一九六〇年代の家事労働論争から四〇年経って、それが実現したということを感慨深く思います。とりわけ目に見えなかったのが家庭内ケアです。家族ケアは強制労働だという考え方を示したのは、メアリー・デリーです。彼女の本で「選べない介護は強制労働 forced labour だ」と書いてあるのを読んだとき、わたしは感激しました。そんなことを言う人はこれまでいなかったから。ケアというのは愛でありつとめであり自明のことであって、対価を要求することなく、問答無用の義務だった。それが、労働としてのケアが常識となり、選べない労働である家族ケアは強制労働だというところまでコンセンサスができたのは、大きな変化でした。

いわゆる「介護の社会化」へ一歩を踏み出したといわれる介護保険が成立してから八年後の今日、

現場では「介護崩壊」を迎えている。その主たる理由は「人材崩壊」からきていると言われています。この現状をどう見るかというところから、話を始めたいと思います。

介護保険は改悪に次ぐ改悪によって、一方ではユーザーにとって非常に使い勝手の悪いものになり、他方ではワーカーにとっても非常に不利な労働になっています。不況の時にはなり手がいるが、好況になって他の選択肢ができると、当然のように人材不足が起きる。介護現場の人が口をそろえて言うのは、募集をいくらかけても人が集まらないということです。一方で派遣切りがあって製造業では労働力余りが言われているのに、介護現場では労働力不足が言われている。それは何を意味するのか。

一言言っておきたいのは、「介護崩壊」とマスコミは書き立てますが、介護労働者の賃金は介護保険がスタートした時点からそれほど変わっていません。もとから低水準で、二〇〇六年の改訂で若干きびしくなったけれども、そんなに変化はない。にもかかわらず人手不足が起きている。それは予測された人手不足でした。しかし、介護保険がなかったときと現状とを比べて、「介護崩壊」と言っている人は誰もいません。少なくとも介護保険ができた後に、現状維持できるかどうかで「崩壊」が問われていて、介護保険がなかった時代に戻ろうとは誰も言わない。それは確認しておいた方がよいと思います。つまりわたしたちは介護保険がない時代にはもう戻れない、ということが前提です。

立岩　介護保険を基本的にどう評価するのかということは大きな問題ですから後で話したいと思います。とりあえず「介護崩壊」と言われていることに関しては、素朴に経済的に、お金のこと、人のことと考えたらいいだろうと思っています。次に、人そのものがいないかというと、それはいるだろうと言うしかない。どうしてたくさんの人が介護のところにやってこないかというと、それには二つの理由があると思います。

一つは単純に時間あたりの単価の問題です。それが他の業種に比べていかほどのものか、あるいは仕事のきつさとかねあわせて考えたときにいかほどのものかということです。そう考えたときには、まったく良くはないということになる。次に、単価の問題だけではなくて、一日、一週間、一ヶ月、一年の暮らしを成り立たせるものとしてコンスタントな労働時間を獲得できていない。そこにあまり高くない単価を掛けあわせても、たいした金にはならない。他にもっといい仕事があればそちらの方に人は流れる。簡単に言って、そういうことが現状を規定している。そう言う以外にないだろうと思います。

上野　そこの認識はまったく同じです。「人材崩壊」、「人手不足」と言われているが絶対的な人手不足ではなくて、有資格者は十二分にいるにもかかわらず、その有資格者が労働力化しないということですね。数字を言いますと、介護福祉士有資格者のうちの就労率がほぼ半数です。これは看護師不足と同じく、作られた人手不足で、有資格者がいるのにもかかわらず人材が活性化しないという人災です。それがどうして起きたかというと、おっしゃるとおり、労働条件のきびしさにもかかわらず、ケアの値段が安いからです。そこで、値段が安いということはどこの値段がどう安くて、どのくらいあれば適切といえるかという議論を、一つ一つ順番にしてみたいと思います。

ケアワークの値段・ケアワーカーの値段

上野　ケアというのは相互行為であって、供給するワーカーの側から見れば労働であり、消費するユーザーの側からすればサービスです。まず、サービスの値段と労働の値段はイコールではない。サービスの値段は公定価格で決まっています。この値段が適正かどうかは後で議論しましょう。

次にワーカーの賃金ですが、ケアワークの値段とケアワーカーの賃金は違います。『季刊ａｔ』14号（太田出版）の連載「ケアの社会学」（「第一二章　ふたたびケア労働をめぐって―グローバリゼーションとケア」／後に『ケアの社会学――当事者主権の福祉社会へ』として太田出版から刊行、二〇一一年）で、マルクスの古びたボキャブラリーにハタキをかけてもう一度使っています。それというのも使いでがあるからですが、「労働」と「労働力」という概念は違います。労働を売ることと労働力を売ることは違う。ですからケアワークの値段とケアワーカーの値段は違うのです。ケアワークだとまずサービスの時間単価ですが、今の価格帯は高いのか低いのか。そこからいきましょうか。どれだけあれば十分なのか。

わたしの福祉系市民事業体研究の経営コスト試算によると、営利を目指さない事業であれば、一時間あたりのサービス提供に対しておよそ二〇〇％の経営コストがかかる。公定価格で身体介護が四〇二〇円、生活援助が二〇八〇円。労働分配率は経営コストが約二〇〇％ならその半分ですから、二〇八〇円の半額だと約一〇〇〇円で、これではやっていけない。しかし身体介護なら四〇二〇円の半分は約二〇〇〇円で、これなら二〇〇〇～二五〇〇円の専門職パートに近い。だからケアワークの時間単価が専門職パート並みになれば、たぶん人は来るはずです。

立岩　今おっしゃった二〇〇〇円という値段ですが、それならいけそうな感じがします。パート、バイトの賃金は多く一〇〇〇円を切ってます。その間で、とりあえず、手取りで一五〇〇円とか。介護に限らず他の仕事も、このぐらいの水準になれば、そしてこれは大切なことですけれど労働時間が確保できればですが、ほぼいけるだろうと。

上野　わたしも一五〇〇円は悪くないと思う。介護保険ができてから一貫して現場の人たちが要求していること、特にその声に一番耳を傾けてきた「高齢社会をよくする女性の会」の厚労省に対する提言のなかには、生活援助（当初の家事援助）と身体介護を一本化して統一価格にせよという項目が入っています。一本化して中間的な統一価格にすると、およそ三〇〇〇円前後になります。三〇〇〇円前後で労働分配率が二分の一ならば、一五〇〇円です。それなら人は集まります。それさえ出せないのはなぜなのか、ということです。

立岩　そうですね。付け加えるならば、現実には直接の働き手に半分まで渡っていないにしても、介護保険はまだ単価が四〇〇〇円くらいになっています。しかし障害者自立支援法（二〇一三年からは障害者総合支援法）の方はもっと単価が安くて、とくに事業所の方は大変みたいです。

上野　具体的な数字を教えて下さい。

立岩　現実に人にわたっている値段は一〇〇〇円ぐらい、それをすこし切るところもそれより多いところもあります。事業所に入ってくる額が一五〇〇円と二〇〇〇円の間で介護保険と比べれば、わりあい多くが現場の働き手に支払われているとも言えます。ただその分、自立支援法からの予算だけでやっている事業所というのはきつくて、経営的にやれているところは介護保険のサービスと自立支援法のサービスを両方請け負ってやっている、介護保険の方がまだお金が入ってくるので、そちらのお金でなんとか回しているというのが今の状況のようです。

上野 そうですね。事業者さんの話を聞くと、「年寄りで儲けて、障害者につぎこむ」というところもあります。自立支援では儲からないから、営利企業は断るでしょうね。ケアワークの値段を見てきてわかるのは、地域最低賃金に毛が生えた程度というのが、長いあいだ、スタンダードだったことです。いわゆる非熟練パート労働なみの地域最低賃金水準、労働市場におけるボトムラインに位置する労働です。

だから根本的な問題は、ケアワークが労働の価格帯の中で、なぜボトムに位置するような評価の低い労働なのかということです。わたしはこれが根源的な問題だと思うのです。

立岩 なぜかという問いに答えをどうやって出すのか。これはかなりややこしい問題です。

上野 その話は後にしましょう。ジェンダーが絡みますからね。

その次に、ケアワーカーの賃金を考えてみましょう。労働を売るのは時間単位ですが、労働力を売るのは月収や年収単位。他に仕事がなくそれだけで生計を維持するという、それ以外何も売るものがない「自由な労働力」を考えた場合、現在正規雇用の月額報酬が在宅支援で平均一六万、施設勤務で二二万です。年収にすると、二〇〇万円前後。この水準をどう見るのか。

立岩 それでは暮らしていけないということですか。

上野 そうではありません。先ほど腑分けされましたが、時間給、月給、年収、将来展望（キャリアプラン）とそれぞれのレベルがある。そうすると、時間給はどれだけあれば適切なのかだけでなく、月給はいくらあれば十分なのか、年収がどれだけあれば十分なのかが問題になる。実際に現場のワーカーさんたちに、「給料が少ない少ないとおっしゃるけれども、いくらあればあなたたちはこの仕事を続けられるのか」と、聞いてみたのです。そうすると、親にパラサイトして住宅費がかからない地方都市在住のシングルで、希望の年収が二〇〇万円程度です。独立して暮らしている人で、三〇〇万円台です。たしかに年収が二〇〇万前後というのは、絶対額としても少ないでしょう。それが年収三〇〇万円台だと、地方都市では実際に大卒男子が正職員として働いています。

もう一つ、年収三〇〇万円台説に説得力があるのは、武蔵野市が日本で初めて福祉公社を作ったときも、募集の際の標準年収が三〇〇万。それに大卒男子が応募してきたことです。八九年に、政府がゴールドプラン一〇ヶ年計画・ヘルパー一〇万人計画をつくったときにも、予算措置はひとりあたり年収三〇〇万円でした。

だからポイントは、たしかに給料は「少ない」とは言うが、現場の人たちは、とんでもなくたくさんを要求しているわけではないということです。仮に標準年収三〇〇万を希望ラインとしても、とてもつつましい要求なのに、それすら達成できないのはなぜかという問いが立ちます。

立岩　一五〇〇円とおっしゃいましたが、そうすると年収三〇〇万円には二〇〇〇時間必要ですね。二〇〇〇円だと四〇〇万円になります。シングルで親と暮らしていて二〇〇万でいけるというのは住宅費がかからないということですから、除外するとしても、三〇〇万円辺りから「それでもいけるだろう」ということになってくる。四〇〇万円にいけば「ありだ」となるだろうと。その中には年収をすこし落としても労働時間を少なめにする人も出てくるでしょう。上野さんがおっしゃったように、「そのくらいは出せよ」ということがまずあります。

それから、他の仕事だと、職階があって仕事が変わったり、年収がそれにあわせて変わるということがありますが、この仕事ではそれがない。昔なら施設で働いている人だと、そこの中で職階がそれなりにあって、昇給があったのですが、特に在宅というのがメインになり、時間給が変わらないのが一般化した中で、仕事も変わらないし、仕事の単価も何年やっても変わらないということが、他に比べたときに魅力が少ないということになっているというお話だったのでしょうか。

上野　食える・食えないという日給・月収・年収のレベルと、今おっしゃった、生涯賃金やキャリアプランとの関係は、違うレベルの話ですね。後者に関して言うと、このままでは生涯展望が描けないという話をよく聞きます。男性ワーカーから、これでは結婚して家庭が持てないという話も出てきます。わたしはそれにはすごく違和感があります。自分ひとりがブレッドウイナー（家計支持者）として生計維持をしようと思えば、年収三〇〇万円は結婚できない水準でしょう。しかし実際に地方の現場で見ているケースでは、大卒男子で年収三〇〇万、妻は同じく介護福祉士で年収三〇〇万、合計すれば年収六〇〇万円で、ローンを組んで持ち家を取得している例があります。これなら子どもを産んで生活していけます。いわゆる男性稼ぎ主タイプの近代家族モデルを変更すれば、年収三〇〇万同士のカップルなら合わせて六〇〇万ですから、何の問題もありません。「結婚できない」というのは、むしろ男性のジェンダー性の問題だと言いたい。

もう一つは、生涯仕事が変わらない、年収が変わらないということですが、日本人には年齢給の考え方が非常に強く染みついていますけれど、日本には昔から商工自営業者がたくさんいました。八百屋さんとか大工さんは一生出来高払いで、やっている仕事も変わらなければ、収入も変わりません。例えば小規模多機能型のデイサービスの経営は出来高払いですから、生徒がたくさんくればお金になるけれども減れば収入が少なくなる学習塾と一緒。ただ、仕事に変化がないかといえば、人間相手の仕事は相手がどんどん変わるから、それなりのおもしろさがある。わたしたち教師の仕事も、新人だろうがベテランだろうが、やっていることは同じ。管理職になることを考えなければ、教員の給与は年齢にかかわらず一律でよい、と思っているくらいです。事実、非常勤講師の給与は、年齢によって変化しませんしね。職人や商人の仕事は昔からそういうもので、年齢と共に地位と職務の内容が変化することに期待を持つのは、きわめて近代的な、ごく一部の組織にのみあてはまる偏った考えにすぎないと思います。

立岩　なるほど。そういうところもあるかもしれませんね。私の知人にも、若いころからもう三〇年とか介護の仕事している人はいます。あと、そういう人は、結局いろんなことがわかってきますから、おのずと、組織の管理的な部分、助言したり調整したりする役を担うようになってきますよね。他方に、そんな仕事はきらいで、生涯一介護者という人もいますし、いてよいわけですが。

他方、今の仕事のサイクルの短さ、半年か一年で辞める、辞めさせられるといったことがよいとは思いませんが、人間は一生同じ職場で同じ仕事をしなければいけないということでもないだろうと。例えば五年であるとか一〇年であるとか、人生の中の何年かをここでやるのでもいいと思っている。そういう意味で言えば、従来型の、年によって同じ職場の中で仕事が変わり役が付いて、年俸が上がるということをモデルとして考えて差異を計るということはしなくていいだろうと思います。

繰り返しになりますが、労働時間があまり長すぎるのでなければ、同時に短すぎても困るのですが、二人なら二人で暮らすにせよ、両方で働けるということになります。配偶者を養うなんてことを考えず、二人稼ぐとして、三〇〇万×二とか四〇〇万×二の間で、たいがいの地域で、人はそこそこ暮らしていけます。そうすれば基本的にこの話は何とかなるし、何とかなるに決まっているだろう、ということに尽きます（基本所得・労働に応じた所得・人の差異に応じた必要と分けたみた場合のたいへん大雑把な試算は立岩真也＋齊藤拓『ベーシックインカム』（青土社、二〇一〇年）第1部第1章「此の世の分け方」）。

上野　生涯のうちの何年かだけケアを労働として選ぶという考え方もありますが、大卒男子なら三〇代後半で一般企業に勤めていれば賃金水準は介護労働よりもっと高いですね。実際にその年齢層でケアワークに従事している人の実態を見ると、キャリアプランとして小規模多機能の経営者に自らがなるという将来展望を持っている。それがあるから、研修目的で現在の低収入に耐えることができるというところがあります。起業家型のビジネスマインドを持っている人がそういうところにいます。

それに加えて、その人たちがそういう仕事を続けていられる理由には、やはりケアという労働の持っている特異性があります。キュアではなくケア、医療ではなくて生活支援、生活の場を提供することによって、自らの居場所を確保しているという要素がある。わたしはそれを現場でものすごく強く実感しました。　自分の仕事がそのまま自分の居場所につながれば、その人たちの動機づけは大きくなります。そういう動機づけを持って仕事を続ける気持ちのある人たちに、せめて年収三〇〇万をなぜ保障できないのだろうか、ということですね。

ただその次のステップに話をすすめると、実際、事業所では年収三〇〇万円台の正規職員を、コアメンバーとして確保しています。しかしながら年収三〇〇万のコアメンバーを確保するための代償に、きわめて低賃金のパートや非正規が入っていて、労働現場で正規職員と非正規職員のバランスが非常に悪いのです。非正規職員の極端な低賃金によって、わずかな数の正規職員が確保されているのが現状です。

結果として、これがジェンダー的な分布を示しています。ですから、年収二〇〇〜三〇〇万を確保している男性正規雇用者と、低賃金・不安定雇用の女性の非正規雇用者およびパートや登録ワーカーのような労働者に二極分化しているのが、今のケアの現場ですね。つまり、一方に極端に低賃金の非正規雇用の人たちがいないと、正規雇用者の三〇〇万が確保できないという分配構造になっています。事業所の健全度を見るための指標に正規職員と非正規職員との比率がありますが、半々でもよい方ですね。

立岩　そうなってますね。時間払いで入ってもらい、時間を調整するわけですが、急な事情で空きが出てしまうといったことがある。それを埋める仕事がある。それに、特に介護保険の場合は、基本的にサービスの提供が細切れなので管理が面倒くさい。どうやって回していくのかという管理的な仕事がどうしてもかなりを占める。だから基本的には事務系の仕事をしつつ空きがあったら実際に介護に入るという、常勤的に働く人を何人か確保せざるをえない。その人に対していくらか余計に払う。その分それ以外の人が安くなるというのは、現実として、おおむねそうだと思うのです。

上野　ここで問題なのは、介護保険六事業の中で、事業ごとに収益率の大きな違いがあることです。ホームヘルプ労働が一番わりが悪く、デイサービスが一番わりがよい。施設は初期は良かったのですが、介護報酬の改訂で利益率が落ちました。介護保険のスタート時の最初の三年間は、施設系の社福法人は、どこも利益を上げていましたね。

立岩さんのおっしゃった待機時間があるというのは、今言ったなかではホームヘルプです。このような待機時間が長く、しかも時間単位で仕事が入るところは単価を高くすべきだと思います。不安定な労働に関しては単価が高いというのはあたりまえのことです。だから単価を高くしたらよい。先ほど言ったように、統一価格三〇〇〇円台にすれば、一五〇〇円～二〇〇〇円は支払える。それなら待機時間や移動時間のコストがあってもやっていけます。

デイサービスは安定した長時間利用があるから収益率が高いのです。施設も利用者の確保については安定していますが、施設の労働がきびしいのは夜勤が入るからです。それを考えると、今の報酬で十分かどうかは、問題ですね。

先ほどの議論で抜けていたのは、労働の負担と責任の重さに対して年収三〇〇万円は適切かということです。施設のケアでは夜勤の負担がものすごく重いですね。まず第一に頻度です。週に二日ぐらい、三日に一回というところもあります。石川県の高齢者施設での虐待死事件では、ワーカーの夜勤が三日に一回でした。そしてもう一つ、ひとり勤務の負担の重さです。施設が小規模化すればするほどひとり勤務になって、ワーカーにとって逃げ場のない職場になるので、ユニット・ケアになるとその落とし穴がさらに強くなる。ですから、その労働の負担と責任の重さに対して、これが適正な価格なのか、という問題が次に残ります。

立岩　この話は必要の部分から入っていくのが本筋なのでしょうが、基本的にホームヘルパーは介護保険の下で非常に細切れの労働になっている。それでいいのかということが一つあると思います。働く側にとって、一定のまとまった時間がほしいので長い時間やることが必要だというのは、本末転倒かも知れませんが、ただ利用者サイドから見たときにも、とくに介護保険の在宅サービスの場合は、つながりのない労働・サービスが基本になっていて、それでいいのかということは考えなければいけない。

先ほど述べたように、自立支援法の下での事業所はかなりきついということは事実ですが、それでも一回に入る時間が六時間とか八時間とか長いケースでは、単価は安いけれども、その単価に時間を掛け合わせると、そこそこになっている。ある程度のまとまった時間になりますから、三〇分、一五分といった時間をピンポイントで配置していくという事務コストもあまりかからない。そういったことでなんとかなっている。だから、働く側にとってみても、細切れに人を動かしていってその間の時間の方が長いという今のあり方でよいのかということは、介護保険の今後を考えるときに見ておかなければいけないことだと思うのです（後出「楽観してよいはずだ」第4節「細切れの不合理」）。

上野　第一に、それは制度の問題ではなくて運用の問題ですね。ホームヘルプは初期の頃は二時間利用ができました。午前と午後に二時間ずつ入ればそこそこの収入があった。しかし今は細切れに三〇分単位ですから、ヘルパーさんが駆けずり回らなければいけないことになる。だけどそれは運用を指導している厚労省の指針が悪いということで、制度自体の欠陥ではないということになります。

第二に、ホームヘルプは利用者の側から見ると、低価格帯の生活援助にニーズが集中していることです。こういう二重価格を作ってしまったことは、介護の現場の人にとってはやるせない、憤懣やるかたないことでしょう。事業者の中でも営利企業系は、身体介護を中心に受けて、非営利系に生活援助が集中する傾向があります。しかもそれが細切れになっていくことで、ますます事業者が追い詰められるということが起きています。そうなると、制度ではなく運用を改善すれば、ここは解決できるはずですが、それがなぜできないのか。それを厚労省はどうしてやろうとしないのか。これはまた、ケアの値段がなぜ安いのかという話とつながるのですが。

立岩　上野さんは介護保険に詳しいわけですが、私はよくわかっていません。でも、当初一日二時間出ていたと、それがさらに細切れになってしまったというのは運用の変化ということなのかもしれないけれど、そもそも介護保険でホームヘルプだけに使うとすると、毎日最大二時間とか三時間とかしか使えない。そういう制度として組み立てられているということはあります。そうするとこれは運用の問題ではないと。それで、私が知っているような人たちは、長い人だと一日二四時間必要という人たちだから、「二時間、三時間というのは何だよ」ということになる。そういった制度には全然乗れないということになります。

上野　そこまでいくと介護保険に要介護度別に利用量制限（実際には金額による利用料上限の制約。最重度の要介護5で月額およそ三六万円）があることをどう評価するかという話になりますね。利用量制限があることを前提にしてわたしたちは議論しているので、例えばホームヘルプでも身体介護二時間を、一日一回きてもらうのがありがたいのか、三〇分を一日四回巡回できてもらうのがありがたいのか、ユーザーの側から見れば、選択になる。ユーザーの側は三〇分で四回がありがたいという選択をするかもしれませんし、それはワーカーには不利になるかもしれません。しかし利用量の上限があるから、時間と回数をトレードオフしなければならないわけで、前提を変えられないかということになりますよね。

立岩　利用者の側から見たときにどういうものがよいかというのは、純粋にどういうかたちで介護を受けるのがよいのかということと、実際に自己負担の部分をどう払うかということとのかねあいで現実には決まっているわけだからそれを入れた場合にどうかというので違ってきますね。前者を考えにいれると、自己負担を払うのであれば細切れで短く切った方がいいということになる。そういった制度設計になっている。

上野　そのように制度設計が誘導しているのです。

立岩　そういう意味で言えば、ある制度の運用というよりは、介護保険の成り立ちというか、設計図そのものがそちら側に行くことはある。私は二〇〇〇年から始まった介護保険は、ないよりあった方がよかったものだとは思っています。それは認めます。ただ、いま言ってきたような、厳しいというか、せせこましい現状というのは、介護保険をやろうという時に、仕方がなかったということもあるでしょうが、「これくらいの負担とサービスでやっていけるはずだから、やりましょうよ」というコンセンサス作りに懸命にならざるを得なくて、その結果で出来たものが、全体としてせせこましいものにしかなっていないことから来ていると思います。そういうことでずっとやってきていて、金を出さず仕事にならないから人が集まらないということ含め、「将来が苦しいよね、厳しいよね」という話になっていると思います。

キャンペーンの文句として、制度設計として、そしてむろん名前としても、これは保険であるわけです。もちろん実際には、税金が半分使われているので、純粋な保険ではないのですが。保険というのは一人頭でおおむね同じだけの金額を取るわけですが、そのときに言われたことは、「一人ひとりの老後に、掛け金掛けて備えましょう」ということで、となるとやがて介護が必要となる確率はみな等しいので、同じだけの金額を納めましょうということになる。「そうすれば必要となったときに使えますよね」と。そういうスキームだった。だから一人あたりの月額は、違いがまるでないわけではないものの、だいたい三〇〇〇円くらいで、それ掛ける人数分なわけです。その枠のなかで物事を考えなければいけないという状況そのものが今の問題を作っている、というのが私の基本的な見立てです（安積他『生の技法　第三版』（生活書院、二〇一三年）、第11章「共助・対・障害者――前世紀末からの約十五年」他）。

カネはいくら必要か・どう確保するのか

上野　まったく異論はありません。そうしますと、いよいよ国家的なレベルで、ケアの費用がどれだけあれば適正規模なのかという話になります。「足りない」ということはすごくはっきりしているのです。現場の人たちは、「今の介護保険の制度内では、自分たちの望むような介護はできない」と断言しています。その枠内で、ありとあらゆる無理を重ねながらやっている。わたしは先進ケアといわれる現場を歩いてみて、ほんとうに奇跡によってしか先進ケアの現場は成り立っていないと実感しました。

では、一体どれだけあればよいのか。しかも小泉構造改革のもとの経済諮問会議による社会保障費の抑制方針で、天井がどんどん低くなってきている。その圧迫感がものすごく強いですね。どれだけあればよいのかというときに、いよいよ立岩さんの出番だと思いますが、わたしと中西正司さんの共編著『ニーズ中心の福祉社会へ』（医学書院、二〇〇八年）で、「楽観してよいはずだ」という、非常によいタイトルの論文を書いていただきました。どこも暗い話ばかりだけど、自分は楽観的な話を書こうという趣旨でした。立岩さんの論じかたがおもしろいのは、「足りないことはないはずだ」というように、二重否定を使うことです。その二重否定の根拠は何か、そして重苦しい状況を打破する方法は何かを、いつも抽象度の高い文章を書かれているので、今日はもうすこし具体的にお話ししていただけませんか（笑）。

立岩　結局はお金で回っているこの世ですから、お金をどうするかという話はせざるをえないし、試算すべきときはきちんと試算しなければいけない。その本（『ニーズ中心の福祉社会へ』）の中でも中西さんがなさっていますね。そういうことは必要ですが、私は得意ではないので、別の人にそういうことをやってもらって、いま本誌の連載でやっている税金の話と合わせて、青土社から本を出してもらうかと思っています（『税を直す』（青土社、二〇〇九年）所収の村上慎司「所得税率変更歳入試算」）。

去年（二〇〇八年）筑摩書房から出した『良い死』では、まずは現物で考えましょうという話をしました。お金で考えるとよく分からなくなるけど、結局世の中に足りないと言われているものは何か。それは人と人以外のモノです。天然資源の問題はかくかくしかじかあるだろうが、ケアにかんしてはあまり関係ない。そうすると人の問題だということになり、人は足りないという話はあるけれども、それは本当か。そうは考えられない。それは現行の失業の問題を見てもそうでしょうが、それだけの話ではなくて、政府統計に出てこない失業者というようには括られない人間というのはとてもたくさんいるわけで、そういった人たちのことを考えても、働きたくなくてそうしているかというとそうでもない。このように考えていけば、働く人がいる、働きたい人がいる、ということは明らかな事実です。そういう意味では、足りないという話は基本的には成り立ちようがない。

上野　人が足りないということはないということについてはすでに意見が一致しています。わたしが「足りない」というのは、ケアの費用のことです。今のままの費用負担では絶対的に足りない。今回「介護崩壊」、「人材崩壊」のキャンペーンをマスメディアが張ってくれたおかげで、「このままの費用負担ではあなたのほしい介護は得られませんよ」、「絶対的にこれでは費用が足りませんよ」という社会的合意が形成されてきたことは、すごくよかったとわたしは思っているのです。

カネが足りないということはみんなわかっている。ではどうすればよいのか。「足りないことはない」と言うときには、今あるものをやりくりしてケアに回すか、新しく負担を増やすかという選択肢が出てきますね。武川正吾さんたちが公共性の価値意識の調査をやっていますが、私が希望を持つのは、ほとんどの国民意識調査で「今よりもよりよい安心のためならば、より高い費用負担に応じてもかまわない」という選択肢に、六割以上の国民がYESと答えていることです。それがなぜ国民的コンセンサスにならないのでしょうか。

カネの話をすれば、絶対的にケアの費用は足りません。そして今のままの費用では十分な介護は得られない。ここまでのコンセンサスは成り立ったと思いますが、次のステップに何を選択するかですね。


立岩 それはおっしゃるとおりだと思います。自分のよりよい老後ということを考えた場合、今払っているなにがしかの保険料ではそれは到底保障されない。「それなら今より割り増しになってもその方がよい」と言う人が六割いる。六割いるならば多数決を採れば勝てるだろう。そういうことで保険の負担を徐々に増やしていくのは、それはそれで現実味のある話だと思います。

それは受け入れた上での話です。私がこのところ言っているのは、基本的に政府や税の役割は、市場においてたくさんを得てしまった人から、そこにおいてたくさん得られなかった人に渡すことだと考えてます。いわゆる再分配ということだろうと。

その話は所得保障、例えば生活保護に関しては、「しょうがないね」ということで受け入れられる。最低限の公的扶助の場面においては、多い方から少ない方へ、というのは当然だと、あるいは仕方がないと思われる。しかし、介護保険が発案され導入されて今日に至ったその流れも含め、一人ひとりが自分の将来のためのものを得るために、一人ひとりが同じだけ負担するのが社会保障なのだという観念がスタンダードになってしまった。これが大きなポイントだと思っています。

基本的な公的扶助とか所得補償というものに関しては、所得の再分配機能を是認するけれども、いわゆる社会的サービスに関してはそうではないと何となく思ってきた。思わされてきた。そして、八〇～九〇年代に起こってきたことは、社会福祉、社会保障というものが、公的扶助的なものから保険的なものへシフトしてきていて、その方が望ましいのだという、コンセンサスというまでにはいかないまでもの風潮が強くなってきた。そこに乗っかって私たちは議論していると言えると思います。

そこを最初から考えなおす必要がある。所得保障とは何であるかというと、最低限、ミニマムという言い方をするのか、基本的に平等でよく、それに働きに応じた上乗せがあることを認めるという理路をとるのかで分かれますが、全ての人において、ある程度の生活が得られてもよい、そのために多い人から少ない人に分けてもよいのだということですよね。そう考えれば、介護を得て、得ることによってあるレベルに達すること、そのある程度の生活というものが初めて可能になるわけですから、ご飯を食べる、服を着る、そういった意味での必要と、介護の必要とは、基本的には何の区別もない。一定の生活を維持するための手段という意味において、区別はありません。そう考えてみれば、いわゆる社会福祉サービスにおいても、マーケットの中で多い得た人から少ない人に渡すというメカニズムであっていっこうにかまわないはずです。

みんな老後が不安だから保険料をちょっと上げてもいいとか、消費税を上げてもいいという話は分かりますし、また私も必ずしも反対ではありませんが、基本的なところに戻ってみると、税の歳入歳出の部分、端的に言えば累進率を再考する、そして立て直すことによって、財源があるのだというきちんとした論陣を張る、そういう方向に持っていくというのが、「楽観してよいはずだ」という話の基本に置かれるべきだと思っています（立岩真也＋堀田義太郎『差異と平等』（青土社、二〇一二年）第1章第3節他）。

上野　『ニーズ中心の福祉社会へ』は、「社会改革のためのデザイン・ビジョン・アクション」の提示を売りとしているのですが、共著者のひとりで、わたしたちの味方になってくれた広井良典さんと大沢真理さんという経済学者・社会政策学者たちは、九一年のバブル崩壊時の時点に法人税率と累進課税率を戻す、たったこの二つのことをやるだけで、どんな税制改革をやらなくても財源確保はできるという説を、明確にうち出してくれています。しかし最近も竹中平蔵さんが言っていましたが、「法人税率を今よりも下げろ」という主張が政府・財界・与党のメインストリームですから、法人税率を上げるという選択肢に財界は絶対に合意しないでしょうし、与党も合意しないでしょう。累進税率を上げるというのは、これだけ貧困と格差が問題になって、ポピュリスト政治の中で動員をかけることができれば、政治家たちもそちらに流れるかもしれません。しかしそうなったらなったで、今度はリッチな人々の国際移動が起きるかもしれませんが。

税方式か保険方式か、という選択肢について言うと、保険方式にわたしは立岩さんほどネガティ

×立岩真也

ブではありません。先ほどの国民意識調査で、「よりよい安心のためならば今より高負担に応じてもかまわない」と回答する人々が、なぜ政治的なコンセンサスを達成できないのかというと、今の政府に対する信頼度が低いからです。つまり税となったお金の使途に関する透明性と信頼性がないからです。

その信頼性と透明性を確保するために、わたしたちの共著者である大沢真理さんが提言したのが、社会保障基金政府という構想です。政府会計を完全に分離して、保険会計と一般会計を独立せよということです。今回の社会保険庁の不祥事も、社会保障基金政府があって、財源とその使途についての透明性があれば防げたと思います。ですから政府の一般会計から保険財政を切り離せば、自分が出したカネが自分に戻るという流れが目に見えるようになり、社会保険の持っている、共助の理念、社会連帯の理念がつよく出てくるでしょう。保険方式という、自分たちが費用負担して相互に支える共助・連帯の理念が成り立つのもよい点だと思います。

立岩さんは税方式と保険方式では税方式を支持しておられますね。税については、所得の再分配には最低限の合意が形成されています。つまり、どんなに制度に欠陥があり、運用に問題があろうとも、生活保護制度があるからです。今回の年越し派遣村が成功したので、今まで生活保護率がすごく低かった千代田区に、生活保護の付き添い申請にいけば、これだけ社会的注目を浴びているなかでは、窓口の役人は断れないはずです。そうすれば千代田区で一挙に生活保護率が上がるでしょう。定住人口がいちじるしく少なく、高額所得者の多い千代田区で、人口比から言えば、生活保護世帯率は全国水準を抜くかもしれません(笑)。リッチな有権者の側から言えば、生活保護を受けるような貧困者を生まないほうが、納税者としては合理的な選択だという判断も出てくるでしょう。今さらこの制度を覆すことはできませんから、運用を公正にやってもらえさえすれば、生活保護制度を通じて、所得の再分配は機能するはずです。立岩さんは、社会サービスについても保険方式ではなく税方式をと主張しておられますが、社会サービスを保険方式にしても、サービスを受けるだけの支払い能力が、障害者や貧困者に、所得の再分配によって確保さえできればいいはずです。わたしは、所得の再分配をつうじて支払能力を持つかどうかということと、社会サービスを社会保険方式で受けるということを分離して考えてかまわないと思っています。それではどうでしょうか。

立岩 いくつかの論点があったと思います。最初におっしゃったのは、税金として徴収されるお金の使い道に関して納税者というか有権者が疑惑を抱く。だから払いたくない。そんなことは実際あります。

ただ、これまでの政府と別にもう一つ社会保障政府をと言うけれども、私の立場は、政府の役割というのは社会保障に尽きるとまでは言いませんが、それが大半を占めるだろうということです。実際にはほかに防衛とかあって、真面目に戦争をやろうと思えばずいぶんかかりますが。ですから私は、政府自体が社会保障政府にしかすぎなくてよいという立場です。分離して社会保障政府をやるというのは、実践的には分かる話ですが。

上野 政府の役割が社会保障だと言ったら、彼らは「道路をつくるのも社会保障だ」と言いますよ(笑)。

立岩 道路つくるほうは切り離した上で、それはそれで仕方がないから、そっちはそっちでやらせ

×立岩真也

ておいて、社会保障のほうは別立てで考える、別の政府でやるというのも一案ではあります。その別の政府の方については税やら保険料を支払う気になるだろうというのもありそうな気はします。ただ、そもそも道路なら道路をつくるということに関して、今まで通りの税金の使い方で今後もやるのか、どこまでやるのかという問題は残る。というか、それ自体として考えるべきこととして残る。それはそれでもう仕方がないから諦めて、しかしあまり信用してないから、こっちのほうに大きな部分をつくっておおいにやりましょうという話は、実践的には成り立たなくはないけれど、問題は基本的には残る。それ以外の部分に税金を使うことをどう考えるのか、そのままでよいのかというのは、理論的・基本的には残ると思う。

繰り返しになりますが、私の立場は、そういった部分は今よりずっと少なくてよくて、社会保障とざくっと言われているものを大きくしていけばよい、ということです。政府が現物を作らせてその現物を供給しなければならないものは、そう多くはないかもしれません。それ以外は、分配された分も含め個々人に渡っているお金から個々人が出したり、出し合ったりして購入してもよいはずです。

次に、費用負担というか徴収の問題があります。これが二つ目の話ですが、ここで分かれる。先ほど伺ったお話の範囲で言うと、所得の再分配でやって、かつそれが十分に行なわれるのであれば、社会保険や社会サービスに関わる負担を、あらゆる人がちゃんと払えるようになるじゃないか。それはそれでよいじゃないかという話です。

いったん所得の再分配で社会サービスに関わる支払い、自己負担分も込みにしたうえで分配を行なって、その中からまた払うという仕掛けです。それに対して、私は、所謂所得保障の部分も含め社会サービスにかかる費用も含め、多くを持つ人が多くを払う。そうでない人がそうでない。こういうものです。前者の二段階にするという方法にしても、そこでの徴収・支給の仕方によっては、私が支持する分配率を実現することは可能です。これは算術の問題です。ただ、そうすると、こういう二段階のやり方のほうがよいと言えるのか。

上野　結果は同じだと思うけど、理路が違います。はっきり言って介護保険が成り立っているのは老齢年金制度のおかげなんです。現場を見ると、在宅介護を受けている場合で、介護の利用量の上限が決まっていても上限まで使うかどうかは、費用負担能力がその家族にどれだけあるかにかかっています。その費用負担能力が何で決まっているかというと、今、世帯分離以前に家計分離が進んでいますので、要介護高齢者の年金の範囲を越えないという選択を同居家族がしています。もし介護保険の費用負担が子世帯から出るということになっていたら、もっと抵抗が強かったでしょう。子世帯は、要介護高齢者の年金の範囲を上限としてサービスを使い、それよりも負担が増えるくらいなら、カネを出すより手を出すという選択をやっていますから。

立岩　現実にはその通りだと思います。

上野　基本的には高齢者に年金というものが付いて、支払い能力があったために、介護保険がこんなにスムースに定着したんです。ですから年金という所得再分配の制度を一方で確保しておいたうえで、当事者に十分に支払い能力がありさえすればよい。その点では、障害年金の水準は低すぎると思います。「応益負担反対」という前に、「障害者年金をもっと上げろ」「サービス支払い能力をもっと高めろ」という戦略だってありうるのではないでしょうか。これは以前から、立岩さんに聞いてみたかったことですが。

立岩 言ってみれば、いったん与えたものをまた出すという話ですね。それをどう評価するか。

上野 そうなれば、サービスの受益者はペイヤーになりますから、権利意識が生まれますよね。

立岩 形の上ではそう見えますね。

上野 保険制度のメリットは、利用者が契約当事者になり権利主体になったということです。これが圧倒的に大きな変化です。税方式でなくてよかったと、しみじみ思います。

立岩 払うという場合に、保険料や税を払うというのと、直接の供給者に支払うというのと、医療・福祉の社会制度の中のその都度の自己負担分を払うというのは、それぞれ意味が違いますが、まずは一番目について。

ペイヤーであることと権利主体であることとが、実感としてかなり結びついたものであるという現実感はおおいに認めます。ただ、原理的な水準では、介護あるいは生活に関わる権利の主体である人であるということと、払い手であるということは、分けて考えるべきだというのが私の立場です。でないと、政治的な分配によって受け取った中から支払う人については、もともとはその人が支払っているとはいえず、ならばその人が権利主体であるというのはみかけ上のことだといったことにもなってしまいますから。基本的には別のことだと押さえる。これが一つです（前出『差異と平等』第2章「無償／有償」他）。

その上で、二番目、実際に相手がほしいものをもっているというのは、相手に対する交渉材料にはなりますから、利用者側が直接に働き手の側に払うというやり方が有効である場合はあります。「ダイレクト・ペイメント」と呼ばれたりする方法はこれです。政府からのお金を利用者自身が受け取って、それでサービスを購入するというやり方です。一つめを確認した上で、二つ目に、その有効性がありうることは認めましょう。

ただ、三番目の利用に際しての自己負担はこれともまた別の話です。そして上野さんの先ほどの話はその話でよすね。実際に、いま介護保険の使われ方として、自己負担してもよいというその上限が例えば年金なら年金の額で、その額までなら払うという人が多い。実際にはそんなことになっているのだと思います。だからもっと払えるように年金を、という話はわかります。ただ、やはり応益負担自体がどうして必要なのかという基本的なところから考えるべきだと思います。

そうすると、応益負担に関して言えば、原理的な水準での正当性はない。ある生活を得るために、一方の人は介護を得ることが必要で、他方の人は必要でないとして、後者の人は払う必要はないわけですが、他方で前者の人は支払うべきであると言えるか。それは言えないということになります。するると、自己負担を課す理由として何が残るかというと、自分の財布が痛むというか、自分の持ち出しになるから利用を控えるというふうに作用する。需要を抑えるための手段としての有効性はある。ではそのことをどう考えるかという話です。そういう効果があるとして、介護あるいは医療も含めて、そういう手段によって需要を適切なのか過小なのか分かりませんが、抑えるというやり方がよいやり方なのかと次には考えることになる。そうすると、やはりそのやり方はよいやり方だとは思えない。そこから考えていかざるをえないというのが私の立場なのですが。

適切なケアをだれが定めるのか

上野　そうすると、適切な利用というのをいったい誰が決めるかということになりますね。わたしは、どうして介護保険が医療保険に準じて運用されないのかと思ってきました。医療保険には医療の使用量制限はありませんね。日本の医療保険は諸外国に比べて非常に手厚くできていて、例えば低所得者支援とか難病支援とか、高額医療については負担の上限が決まっていて、一定の負担でかなり手厚い医療が受けられるようになっている。それをコントロールしているのが医師という専門職の持っている権限です。医師が適切な医療の水準を決定する専門性を与えられています。先ほどおっしゃった供給側が過剰な需要を誘導することによって自らの利益を図るということは、イリイチの『脱病院化社会（メディカル・ネメシス）』（原著一九七五年／晶文社、一九九八年）などで言われてきたことですが、でも実際に過剰医療は起きたでしょうか。

わたしは昨年立岩さんが読売新聞と一緒におやりになった終末期医療の調査はとてもよかったと思っています。メディアがキャンペーンをやっている終末期の過剰医療に対して、終末期に関しては過剰医療どころか家族の判断による医療抑制のほうがマジョリティだということを、ちゃんと経験的なデータで示しましたね。ああいう実証的なエビデンスをきちんと示していくと、過剰医療キャンペーンというのは、かつての生活保護不正受給キャンペーンと同じような、非常に偏ったキャンペーンだということがよくわかる。終末期では本人はもう自己決定できないわけですから、医療現場では専門家と家族による、一定の節度のある、もしかしたら節度以下の、医療抑制が行われているというデータが出てきている。

キュアの世界にある医師という専門職に相当するだけの専門性と権限を、ケアの世界でどうしてケアマネージャーに持たせることができないのか。その点でもキュアとケアの分離とか言いながら、ケアはキュアに対して圧倒的に劣位に置かれています。ケアマネージャーの権限も専門性も、非常に低いものだと考えられています。ここからもケアの社会的評価はなぜこんなに低いのかという問いにつながりますが、ケアマネ問題もそのひとつです。わたしは日本の介護保険制度の特徴であり、メリットの一つはケアマネ制度だと思っています。ケアマネ導入にはずいぶん反対もありましたし、中西正司さんも反対派ですが、わたしはこの点では彼とは意見を異にします。ケアマネを医師・弁護士並みの自律した専門職にすることがなぜできないのでしょうか。

立岩　けっこういろいろな話が含まれていると思います。テーマは何かというと、どれだけ供給するかを誰が決めるのかという話ですね。それが医療の側でどうなのか、あるいは過去と現在と比べてどうなのか、そこにどんなファクターが関係しているのか、という話がまず一つある。それからいわゆる介護の場面では、それと比較した場合にどうなのかという話が次にある。

医療、とくに高齢者の医療については『現代思想』の連載の一部でそのことを書いて（「有限でもあるから控えることについて」1〜7・二〇〇八年二月号〜八月号）、『唯の生』（筑摩書房、二〇〇九年）というわたしの本の中に出てきます（第3章）。医療について、イリッチなんかの「医療化」「病院化」という言葉を単純に受け入れて、近代医療というのはそもそもどれだけでも供給してしまうものであって、それをどうやって利用者が抑制するのか、という図式で語られてきたきらいがあるのですが、これは少なくとも一面的です。日本の場合で言えば、一九七〇年代初頭にかけて、やればやるほど保険点数化されて、お金になった時代があって、老人病院であるとか、あるいは医療全般について、過剰という状況を招いた。私は医療や医師の本性として過剰になるというよりは、そういう仕掛けがそうせしめたと言ってよい部分があると思っています。

それは一つに、過剰というより加害的な医療を受けさせられた利用者にとっては迷惑なことでしたし、一つにたしかに金はかかった。この二つの別の反応があって、時に合わさって、そして後者の方が強く作用して、今度は抑制の方に向かいます。日本の医療は基本は出来高払いですが、入院日数の規制であるとか、入院日数が増えていくと出るお金が減っていくとか、さまざまな仕掛けを作って、儲からない仕掛けを何十年もかけてつくってきたわけです。そして利用者の側については自己負担を多くしていく。その結果が今の医療の過少という状況を生んでいるのだろうと思います。医療に関してはまずそういうことが言えるでしょう。

先ほど上野さんがおっしゃって私が今繰り返したことですが、医療の場合、むしろ供給サイドにより多く、場合によったら利用者の意向を無視して供給しようとするような要因が大きく絡んでいる。そのことによって過大になったりする。それを、こんどは直接の供給者に金を渡す側の保険者（保険組合）や政府やらが大きく切り詰めようとすると、今度は過小になったりする。そういう意味で、供給サイド、仕事をしてそれで金を得る直接の供給側に過大に出そうとする要因があると考えるほうが、私は自然だろうと思います。

　他方、利用の側をとってみた場合にどうか。例えばお金というのは何にでも使えますから、くれるならくれるだけ嬉しいし、たくさんほしい。だから、仕方なくどの辺かに給付の水準を定めるざるをえない。けれども、医療というサービスはあればあるほど嬉しいような財ではないということが言えるだろうと思います。いくらでも注射してほしいという人は滅多にいない。そういう意味で、需要側から見れば自然にブレーキがかかる類のものだと思います。そうすると、そこから出てくる自然な結論は、供給サイドの過剰な供給要因をうまい具合に工夫して――日本はここ数十年工夫しすぎて、それを抑制するというところを強くしすぎたために今のような状況が起こっているわけですが――コントロールすれば、そして需要の側には無限にほしいという要因がないと考えるのであれば、そこで自然によいところで落ち着くだろう、ということです。

　翻って介護というものを考えてみたときにどうなのか。現実には、特に自立支援法に関して言えば、過剰供給要因はほとんど働いていない。

上野　だって、儲かりませんから。

立岩　儲からないからやってもしょうがない。というか儲からないないけどやっている。そうなんです。さて、その供給側の現実はいったんおいて、需要側・利用側にとっての介護という問題を考えたとき、中西正司さんなどがずっと言ってきたのは――これは若干留保せざるをえないところはあるわけですが――介護も基本的にそうだということです。

　彼が言うのは、人間が始終そばに付いているというのはそんなに楽しいことではなくて、最低限必要な分をやってくれればそれで済むのだと。そして、この仕事は一日最大二四時間と限られて、人は大抵の場合一人で済むし、どんなに重い障害であっても二人いれば十分であるということを考えれば、天井は決まっていると。だから、利用者の側にそれをむやみに増やそうとする要因というのはあまり大きく見る必要はない、大きくなっても自然の上限はあるということです。中西さんは全然大きく見る必要はないと言っていて、私はそこはちょっとどうかなというところはあります。これは程度問題です。程度問題で言えば、私も供給側の増大要因をそんなに大きく見る必要はないと思っています。需要が大きくなりそうな人として心配症の人というのがいると思いますが、それはそれとして対応すべきことであって、ただ減らせばよいというものではない。まずそのことを踏まえましょうというのが一つです（前出『差異と平等』第1部第1章「差異とのつきあい方」他）。

次に、それでも規定し規制しようとすると、やり方には二つの種類があります。一つは、利用の量を設定することです。例えば今の要介護認定みたいな形で、あなたは何万円分、あなたは何万円分という形で認定するやり方があります。もう一つは、自己負担させることです。実質的には家族負担になることも多いですが。たくさんやってもらったらたくさんお金を払わなければいけないから、利用を抑えることにする。日本の医療保険では主に後者が使われ、加えて場合によって疾病や疾病の程度別の定額制といった案がここのところ出ているといった具合です。日本の介護保険の場合は両方を使っています。

けれど、こうして両方使うことによって量を抑えようとしているわけだけれども、今言った話がもし受け入れられるのであれば、実は両方に関してそういうことをしなくてよいかもしれない、と少なくとも理屈では言える（「楽観してよいはずだ」第6節「「過大申告」と基準について」）。

上野　障害者自立支援に関しては立岩さんは利用量の上限を撤廃せよとずっと言っておられて、介護保険に関してはわたしは利用量制限をなくせと初期から言っていた少数派でした。これを言う人は介護保険支持派の人たちでも、ほとんどいませんね。

立岩　そうしたとき、じゃあケアマネージャーというものを上野さんはわりと評価するわけだけれども、今の現実においては要介護認定というのがきっちり制度で決まっていて、判定の委員会、というよりはむしろコンピューターに打ち込んだものがそのままランクになって、それに基づいてちょっと割り振りをする、というくらいのことしかできてないといえばできていない。そういう意味で言えば、ケアマネというのはそもそもケアの量を決定する場所に今いないわけです。そうしたとき、今上野さんがおっしゃった話というのは、この人にどれだけ渡すかということを、ランク付けでもなく、あるいは自己負担というやり方でもなく、しかるべく専門性を持ったケアマネが自律的に決定する仕掛けがよろしかろうというお考えなのでしょうか。

上野　ケアマネ＝弁護士説です。つまり、弁護士程度の自律性と所得があり、しかも職業倫理の高い専門職集団、ということです。制度設計の段階からケアマネの事業所所属を認めてしまいましたから、ケアマネの自律性は担保されていません。しかも報酬単価が低すぎるために経済的自律性も担保されていない。どちらも担保されていないので、理念を制度が完全に裏切っているわけです。少なくともわたしたちが弁護士や医者という専門職に関して一定の権限と業務独占の専門性、それに見あう報酬を認めているならば、それに見あう専門性がどうしてケアに関しては生じないのでしょうか。

立岩　ただ、医者にある種の専門性が認められるとしても、先ほど言ったように、医療に関して供給が一定に維持されているあるいは抑制されているというのは、医者が専門性をもって仕事をしているからだというふうには私は考えません。医者が矜持というか倫理を持っていないとは言いませんが、持っているから適正というかある種の水準に決まっているのだとは思わないということです。むしろ先ほど言ったように、需要と供給に関して、需要の側がたいしてほしくはない、供給の側はあるメカニズムがあればたくさん供給しようとするし、それがなければやめようとする、そういったバランスの下で医療の供給は決まっていると基本的には考える立場です。

そう考えたとき、ケアマネがある種の中立性・専門性を獲得することによって何か好ましい状態が実現するという途はありうるのかどうか、その疑問は残ります。

上野　理念と現実とは違いますから、現実はあなたがおっしゃる通りだと思いますが、でもそうなると制度で利用量抑制を誘導し統制するというしかない。その一つの方法が応益負担によって自己負担を求めることですね。

立岩　制度的に判定してランク付けをするやり方が一つ。二つ目がお金を払わせて抑制するやり方。とにかく今行われているのはこの二つの混合・併存です。障害者に関して言えば、どちらもなかった状態からどちらもあるような状態へ徐々に移行しつつあって、それが閉塞感というか重苦しさを生み出している。そうしたとき、上野さんがおっしゃる三つ目のアイデアとして、誰か利用者側と供給側と両方を見てきちんと考える人がいればいいじゃないか、というのがあるわけですが、どうかな。例えば人によって判断が違ってくるじゃないかとか言われそうですね。

上野　医者は患者を診断しています。患者がどういう状態にあるか、病名をつけて判定する権力を持っているわけです。治療法というのは診断にもとづいて出てくるわけですから。コンピューターによる要介護度認定がどれほど個別性を無視しているのかということは、初期から言われてきました。特に認知症の場合には、判定がむずかしい。ですから現場を知っているケアマネが、利用者の判定をやる。そのうえで、この人に何が一番適切か、質量両面において判断する。そのくらいの権限があってもよいと思いますが。たしかにケアマネは現在でもケアプランを作成してサービスの組み合わせを提案していますが、量の決定まではできません。

ケアマネ自律説には反発もあるし、中西さんなんかは猛反対でしょうね。新たな抑圧権力になると。たしかに問題はあって、それだけが解決方法ではないと思いますが、そういうことを考えざるをえないのは、量の制限をどうやって突破するかという問題があるからです。量の制限をどうやって突破するかということは、障害者の自立支援にとっても課題になっており、同じことは高齢者にとっても課題になるはずです。障害者だけが使用量の制限を突破すればそれでＯＫなのかという結論にしてもらっては困ります。

立岩　それはそうです。

上野　超高齢社会というのは、すべての人が大なり小なり中途障害者になる社会だとわたしは思っていますが、その点では高齢者でも障害が固定すれば障害者手帳をもらってしまったほうが有利ですね。

老障統合から老障幼統合へ

立岩　障害者と高齢者の制度の話ですが、今おっしゃったように、基本的に現実の社会運動というかものの言い方としては、障害者は障害者の利益を守るように動かざるをえないということはたしかにあります。それはそれとして、根っこから考えたとき、高齢ではない障害者と高齢の障害者の制度に関して別立てのスキームでものを考えるのは、原理的には成り立たないはずです。それに関してはお互い同じ意見だと思います。

上野　高齢障害者と障害者を年齢で線引きしてカテゴリーを分けるのは意味がない。障害者もいずれは高齢化しますし。

立岩　原理的には一本でいいというのはおっしゃる通りです。そのことを書いたこともあります（『弱くある自由へ』青土社、二〇〇〇年）。そうしたとき、じゃあどうするかということです。一緒でよいというのは、現実には、介護保険のスキームの中に一緒になるという話としてこの間ずっとあったわけです。介護保険ができる一九九〇年代の終わりにもそういう話がありましたし、できた後、二〇〇五年の改定の手前の頃にもありました。これからまた二〇一〇年やその次の改定のときにも出てくるでしょう。そのたびに一本化という話は介護保険の側に持っていこうという話だったので、障害者は反対した。せざるをえなかった。さてその現実、経緯とは別に、ではどうすればよいかということですが……。

上野　のぞましい老障統合のあり方は何か、ということですね。

立岩　そうですね。そうしたとき、まず一つは、介護保険によって実際に重度の障害を持っている高齢者ないし高齢者ではない人が介護を受けて、家族の介護を頼りにせずに暮らしていけるということはできないのが現実です。そういう意味で言えば、少なくとも在宅においてＭＡＸ二四時間の介護が来たるべき制度の下で保障されるということが最低限というか基本的な要件になります。これが一点目。

そうしたとき、上限はそれでよいとして、その間のさまざまなところに誰にどれだけ供給するかということをどういうふうに決めるか、あるいはどう考えるか。これが二つ目です。そこのところはけっこう悩ましいところではあります。で、先ほど三つが出された、基準を決め判定して決める。自己負担で抑える。第三者、例えば今とは性格の異なるケアマネージャーが采配する。それぞれ難点があります。

悩ましいところではあります。とにかく現状は不当に少ないのだから、それをきちんと増やしさえすれば、そしてまともな基準が設定され、まともな人が配置されるなら、一番目、三番目、あるいはその組み合わせというやり方はありかとも思います。ただ、あえて少数派の非現実的と言われる考え方からいけば、医療に準じたような形での、使ったら使っただけ払うという出来高払いが基本的にはよいと思っています。次に、そういうことによって需要と同時に供給が増えるとしても、どのくらい増えるのかという話は実際にはたいしてされていません。たしかに増えるでしょう。その中には無駄と考えられる膨張もあるかもしれませんが、しかしそれがもたらすメリットもあるわけだから、相殺したときにはどちらがどれだけよいかというのは未決の問題だと思います。

それから、先ほど申し上げたように、今現実にはそういう誘因はたいして存在していないわけですが、供給サイドにはたくさん供給することによってたくさん利益を得ようという誘因は働き得ますから、それをどういうふうにコントロールするか、どういうメカニズムを仕組むかという問題はあります。そういう意味では、ある種の査察というか査定は、嫌だけれども認めざるをえないと思います。ただ、実際に働いてしまえば、労働者への支払いは行なわれ、事務的な費用も発生しますから、事業所にさして利益をもたらすわけではない。これは医療と異なるところです。医療だと、例えば薬をたくさん出すこと、注射をたくさん打つことに費用はたいしてかからず、多く行うほど利益をもたらすことがあります。介護についてはそんなことあまりない。だから査察は、働いたといって実際には働いてなかったというケースに限ればよいことになります。こうして考えた時、つい数年前まではそれでやっていた仕組み、障害者の介護の仕組みの中にあったような出来高払いの仕組みが果たして荒唐無稽な話なのかどうかという辺りを考えるべきではないかと思います。

上野　供給過剰を抑制できるかどうかに関して言えば、今の訪問介護事業は、やればやるほど儲からない仕事だから、そもそも供給過剰は起きていません。事業者そのものが絶対的に不足していますし、ワーカーも不足している。ニーズがあっても対応するだけの余力がありません。そういう意味では、「介護崩壊」「人材崩壊」の面から供給過剰は抑制されています。他方、需要過剰になるかならないかについては、たしかに事業者サイドは利用量の上限額まで利用者に使わせるように誘導していると思います。ケアマネもそうです。けれど実際に利用額を決定しているのは利用者側の支払い能力によるので、だれもが利用量の上限まで目一杯使っているわけではありません。

立岩　実際にはそちら側で抑制されています。つまり、一つにはランク分け、これで上限が決まります。その上限さえも使われていないというのは自己負担があるからです。この二つの組み合わせによって利用量が抑制されて、介護保険は今のサイズで収まっている。それでよいのかという話があり、それはよくないだろうと。

上野　現在の介護保険のあり方のもとでは、現実に供給過剰も需要過剰も起きていません。データから見れば、要介護度認定を受けた利用者が上限額まで使っていないのはあきらかです。現実認識としてはそうで、そこまでは全く合意できます。そのうえで、老障統合の望ましいあり方をデザインしたらどうなるか。わたしの立場としては、障害者にとってだけよい制度では困るということです。

立岩　現実には今存在しない制度をどう構想していくかといったとき、現に存在しているランク分けを基本的になくす、自己負担をなくす、というのを、ものを考えるときのベースとして考えていくべきだろうというのが私の意見です。

上野　そうなると障害者の等級の認定もなくすことになりますか。

立岩　そういうことになりますね。そうするといかにも需要の爆発が起こりそうな気がして、そのことが言われるわけですが、そしてそうかもなと思うところもあるのですが、それがどれほどになるのか。もちろん増えるのは増えます。何倍かに増えるかもしれません。では負担の問題をどう考えるかという話が次に続きます。それについては、一人ひとりが同じわずかな額をというやり方でないやり方がよいと言いました。その上で不可能か。まったく不可能ではないはずだと言えるだろ

う と思っています。こんどの本で中西さんが、税制を一九九一年当時に戻せば必要なだけの十倍の歳入が得られるはずだというのは、おおざっぱにはそういう話です（第10章「当事者主権の福祉戦略――ユーザーユニオンの結成へ」、他の章にも予算・費用についての記述があり、『現代思想』二〇〇八年一一月号に引用）。いささか乱暴な試算ではあり、需要の方についても大雑把な数字が入っているだけですが、それでも参考にはなるだろうと。

上野　そういう現実的なシミュレーションをやっている人は誰かいますか。

立岩　やってないのではないでしょうか。

上野　さまざまな疑問や猜疑心に対して、エビデンスを示して反論できるデータはないでしょうか。

立岩　ニーズの側の試算はやりようがありますかね。

上野　支援費制度をつくったとき、利用の爆発的な増加で予算枠を越しましたね。

立岩　そのくらいの試算だったら簡単にできますよね。あのとき、上限の規定なし、介護保険みたいな判定なしの制度が全国的なものになって、たしかにばっと増えました。増えた分を人数で割って、今ケアが必要な人の数を掛ける。そうするとだいたいなんぼかかる、という非常にアバウトな数字は出せます。たしかに増えはします。それで、締めつけが始まったのでもあります。ただ、増えた量・予算というのものは、こちらの見方ではなにほどのものでもないのですけれども。

上野　今おとなしく施設に入っている障害者たちが自分も出たいと言い出すだろう。そうなるとどんどんニーズは増える。同じように、家族の中で肩身を狭くして面倒を見てもらっていた高齢者たちが、自分もひとりで暮らしたいと言い出すかも、と。介護保険の充実には、「おひとりさまの老後」がかかっています。これまで家族に恵まれない「おひとりさまの老後」は「結婚も出産もしなかったおまえは自業自得なんだから、施設の多床室で、管理型のケアを受けて老後を過ごしなさい」というものでしたが、それに合意しない人たちが増えていくでしょう。そうなると、費用負担はとめどがなくなる、という議論が出てきます。障害者の自立生活運動と「おひとりさまの老後」は結びつきますね。

立岩　どうやって試算するのか、先ほど言った単純な話はともかく、具体的にどこまでできるかは分かりません。ただ、基本的に考えてよいのは、何倍かには増えるということです。それを前提にして考えないと、みみっちい話にしかならない。一割・二割増やすという話ではなくて、基本的に何倍かは増える。そのときその負担というのは不可能なのか、と考えたほうがよい。小出しにだんだん増えていって、そのつど大変だと考えるよりは、ちゃんとニーズを充たそうとすれば、今の予算にしても何でも何倍か必要であると言ってしまったほうがよい。そこがＭＡＸなんですから、話はある意味単純になるのではないかという感じはしています。本当の具体的な試算はやりようがない部分もありますから。

上野　現実性のあるシミュレーションは可能だと、わたしは思っています。わたしのビジョンの中にあるのは、老障統合よりもさらに先の、老障幼統合なんです。老障統合に関して言うと、六五歳で一号被保険者と二号被保険者を分けるのはナンセンスです。年齢差別を撤廃して、被保険者を二〇歳からにすれば、何歳でも要介護（介助）の状態になれば保険が利用できることになります。それに二〇歳以上を被保険者とすれば、当然財源規模が拡大しますが、じゃあ今度はどうして二〇歳で線引きするのかと疑問が起きます。もともとケアという概念は英語圏では育児を指していました。ですから、ケアを要する究極の要介護者は新生児ですね。要介護度5の認定基準は、自力で寝返りを打てない、排泄と食事に介助が必要、というものですから、これはすべて新生児に当てはまります。ですから少子化対策を言うのだったら、要育児度認定というのをやって、新生児は要育児度5とし、月額三六万円相当の育児サービスを利用できるバウチャーを支給すればよい、と思います。つまり、ゼロ歳から死ぬまで、年齢を問わずケアが必要な個人に対して、社会が責任を持つという考え方です。それを税にするか保険にするかはわからないけれど、基本的にはリスクの再分配という社会連帯の考え方ですね。なぜなら、その基本にあるのは、立岩さんのお考えにもあるように、そういうケアをこれまで全部女が家で無償でやってきたわけだから、無償であったものが有償になったとしても、カネが移動するだけで、社会全体としてはソンもトクもなく、ただ分配が変わるだけだ、ということですね。だからこそ、老障幼統合に持っていってほしい、と思っています。

これに実現可能性があると思えるのは、育児についてはある程度のコンセンサスができてきているからです。二四時間一対一の育児が必要だという考えに対して、例えば育児休業法は一年間は有償の育休を認めるが、三年間とか六年間には延長していません。保育園でも、乳児保育なら保育士の配置が一対三、三歳児になれば一対二〇、六歳児になれば一対三〇、と基準配置が変わります。育児については、どのくらいの人手が必要かに関して標準化ができています。一昔前は共同保育で子どもの預け合いをしていたものです。今は保育ママさんがいますね。そうすると五歳児や六歳児の学齢に近い子どもに、母親が一対一でベッタリくっついている場合に、その育児専従の母親の生活を支えることを社会的に適正なことだとはもはや誰も考えなくなっています。ましてや学齢に達した子どもを家で待機するために母親がフルタイムの専従育児者をやっているのは、本人の自由意志による選択としか思われません。例えば子どもが三歳に達したら五人の子どもを一人で見ましょう、あなたが自分の子どもを一人でみるならそれはそれでかまわないけれど、五分の一しか費用は出ません、というやり方をしていくというのも一つの方法です。つまり子どもの成長にともなって、要育児度認定を変更して、それを下げていくというやり方ですね。育てにくい子どもや障害のある子どもなら、要育児度認定が変わらない、とすればよいのです。

障害認定をどうするかという話にも関わるのですが、一対一で二四時間介助という考え方に対して、同じような障害の程度の人たちの一人に一人の介助者はとても手当てできないけれど、三人に一人だったら配置しましょう、とか、それだったら近いところに集まって暮らしてください、別に同じ屋根の下でなくてもいいですから、というやり方はできますよね。それをやってきたのが札幌の小山内美智子さんたちです。公共住宅の一区画を障害者用にして、そのうちの一室に夜勤込みのワーカーを配置するというやり方を提案しました。

立岩　基本的なアイデアに対しては異論はありません。そういう意味では子供も高齢者も、そのいずれでもない障害者も、基本的にケアを必要とするという意味で同じであって、それに関して基本的には同じスキームで社会化する、社会的に負担するということに関しては私もそうであってよいと思います。これが一点。

それからもう一つは、これも先ほどおっしゃったことですが、すでになされていることを有償化、

×立岩真也

社会化するということに関しては、社会的な負担は増えもしなければ減りもしない。子供に関してはすでにケアがなされていて、それをやる人が代わるとか、やる人が同じであってもやる人が受け取るものが変わるというのは、社会全体では負担の増加ではありえない。

ただ、それと同時に考えなければいけないのは、それは半面であって、増える部分、先ほどおっしゃったように、今までは低レベルで満足はしていなかったかもしれないけれどそれでも生きていた人たちが、嫌だと言い出して、ケアの量も質も増やそうということになった場合、これは純増になりますから、これがどれくらいになるのか、これをどうするのか、という問題は残ります。逆に言えば、子供の場合はあまり増えないだろうと思います。他と比べて、子供はすでにかなりケアされているわけですから。そういう意味で言えば、社会的な負担は増えなくて、ある意味で社会化はむしろより効率的であったりもする。そういう意味では、こちらはやりやすいかもしれませんね。

そのうえで、子供に関しては、ある時期までは一対一である時期までは一対三から五でいいだろうという収めどころができて、そうかなと思うのですが、ではそれをそうではない人たちに関してどう考えるか、これは考えどころだと思います。おっしゃることは分かりますし、一対一ではいくらなんでも、どこまでそれでやれるの、とは私も思わないでもないのですが、ただし、少なくともそのことに関して子供についてのように、社会的なコンセンサスなり何なり、これで正解だというのはまだ出ていないというところは押さえておきたい。

先ほど札幌のことをおっしゃいましたが、あれは札幌いちご会というところが一九七〇年代に要求してできたケア付き住宅ですね。日本で初めてできたものですが、それについてはうまくいったと言う人とうまくいってないと言う人の二通りいて、微妙なんです。私は現地に行って調べたわけでもないので即断できませんが、肯定的でない人たちの言うこともっともだと思います。つまり、かなりケアの必要の度合いの低い人がいれば、そこの居住者のその時々の必要に応じて、常駐する介護者が、呼ばれて訪ねて介護するというやり方でうまくいきそうですが、実際に長時間必要な人がいる場合、一人で、順番に介護していって、あるいは呼び出しに応じて介護して、それで間にあうかといったら、間に合わない。そういうことが現実に起こった。そんなことを知り、考えたとき、ケース・バイ・ケースですが、同じような状態の人を集めてケアする側の人数を減らすというやり方は、うまくいく場合もあるだろうけど、うまくいかない場合もけっこうあったりする。私たちは節約しようという方向に考えがちですから、そうやればうまくいくだろうと思うのだけれど、一方でうまくいかない場合があるということが一つ。

それからもう一つは、ど田舎で、婆さんAの家の隣の家が三〇キロ離れた爺さんBの家だというような場所だったら話が違いますが、例えばこないだも大阪の枚方の社協（社会福祉協議会）の人との話で出てきたんですけど、あのくらいの人口の集まり具合の場所だったら、わざわざ建物を共通にして人を集めて暮らさせなくても、そしてなおかつ今のようなピンポイントで巡回するというやり方でなくても、例えば夜間のケアに関して言えば、何人かの人が呼ばれたら対応するという形か、必要に応じて出向いて、生命の危機をもたらさないようにできる。そういうふうに考えたとき、集まって住んだほうが都合がいいだろうという気持ちは私も分かるのだけれど、そこは十分に慎重である必要はある。

上野　高齢者については、ケア付き住宅の実践例がすでにあります。人口集積地で移動コストが少ないところでは、同じ屋根の下に住まなくても、近隣に分散居住してそれぞれ在宅でケアを受けることができます。先ほどの一人で何もかもやらなければならないという問題ですが、それはユニット・ケアのひとり職場と同じ問題ですね。ユニット・ケアでのひとり夜勤は問題になっていますが、現場の人たちに言わせれば、八人に一人よりも一六人に二人のほうが気分的にもラクだと言いますね。ただしこれも運用上の問題です。もともと特養のような重度の高齢者を集中的に集めているところで、利用者三人に対してワーカー一人という基準配置がよいかどうかに関しては大いに問題があって、質の高いケアをやっているところでは、一・五対一が譲れないギリギリのラインだ、と言います。その問題は制度の運用上解決できる問題ですが、しかしやはり三対一を一・五対一に増やせば、一人体制を二人体制に増やすために倍のコストがかかるわけですから、誰がそれを負担するかという話に戻りますが。

外国人ケアワーカーはどこへ来るのか

上野　立岩さんとわたしとでは、お互い基本的な了解は同じですが、ここで、ケアワークの値段の問題にもう一度戻りたいと思います。そこで出てくるのが、外国人が入ってくるとケアの値段はどうなるかという問いです。ケアワークの現場に移民労働力を入れようという政策は、今の社会保障総量規制の天井を変えないことを前提にして、初めて起きていると思います。つまり、労働条件が低く、離職率の高い現在のケアワークの現場に喜んで来てくれる人を探すと、国内に見当たらないから国外に求めた、ということです。

先ほど労働を売ることと労働力を売ることとは違うと言いましたが、自由な労働力の売買には、労働力の再生産費用を支払うという合意が契約の基本にあります。ところが問題なのは、労働力の再生産費用は社会的に決まることです。貧困の基準が社会的に決まるように。そうすると、外国人ケアワーカーを現場に入れるということは、労働力の再生産費用についての社会的合意が成り立たない文化圏の人々を動員するということになります。

わたしはこれまでずっと協セクターのケアワークについて研究してきましたが、ほとんどの担い手は中高年の既婚女性です。主として在宅支援型のパート、契約、登録ワーカーを担っていますが、この人たちは給料が安くても文句を言わない。配偶者特別控除の上限、「一三〇万円の壁」の前で就労調整をやっているからです。就労調整をやっている人たちには、賃金に高いも安いもないと極端なことを言う人もいますが、労働単価が高ければ、労働時間を減らせばいいだけですから、賃金が高くて困ることは何もないはずですが。

ケアワークの現場では、施設も在宅支援も、一方で年収三〇〇万円水準の男性雇用者を正職員として確保したうえで、既婚女性の低賃金非正規雇用でバランスシートをとるというように、一方から他方にしわ寄せがいっています。この非正規雇用の人たちは、夜勤ができないとか、長時間働けないとかのそれぞれの事情があって、非正規雇用を選んでいる場合もありますから、非正規雇用が即悪いわけではありません。この非正規雇用の人たちの労働をディーセント・ワーク（まともな労働）にしようということです。

わたしは非正規雇用者がすべて正規雇用者になることがよいことだとは、決して思っていません。この人たちは新しい自由な働き方を自分たちで選んでつくり出してきた人たちですから、フレックス・ワークそのものはＯＫです。ただし賃金格差は許さない、というのが基本だと思います。何が不当な賃金格差かというと、パート労働法ができたときの基準は、正規雇用に対して七割の水準を達成すれば許容範囲といえるという話でした。わたしは七割でも低いと思いますが。

基本的には時間給を年間二〇〇〇時間労働で積算していけば正規雇用者とほぼ同じの年収水準に達するだけの時間単価が払われてしかるべきで、それが「同一労働同一賃金」の大原則ですね。それが第一です。第二に、それに加えて、わたしはそれでも十分ではないと思っています。なぜならば、非正規で雇用保障のない人は、同一の労働をやっている雇用保障のある人よりも手厚い報酬を受けて当然だと思うからです。非正規労働者であれば、正規雇用者の時間給より単価が高くて当然だと思っています。

第三に、非正規労働者たちに、職域の分離が行なわれていることです。補助的業務に固定されることをつうじて、彼らには昇進の機会がありません。わたしがパート職を採用している現場の人たちに一貫して言ってきたのは、パートだから昇進できないという理屈はどこにもないということです。なぜなら大企業の管理職、特に経営者たちは、いくつもの会社の経営を兼務しているパート職だからです。経営者がパートでやっていて、管理職がパートでやれない理由は何もない。実のところ、女性センターの館長職はどんどんパート化してきましたね。だから、パートであるということと、職域分離と職域固定が行なわれることの間には何の相関関係もないので、パートも昇進と異動の対象になって当然ですし、しかも正職員よりも労働単価が有利になることも、雇用保障がないのだから当然です。雇用保障の不在は、そのつどの賃金対価で補償されるほかないからです。ですから「同一労働同一賃金」ですら十分ではない。

しかし、フレックス・ワークをディーセント・ワークとして作りあげていくというこれまでの議論が、外国人労働者が入ってくることによって底が割れてしまうのですよ。なぜならば、いくらでも代替要員が登場するからです。既婚女性たちが担ってきた職場に、利害が競合する外国人が参入し、パイの食いあいが起こります。そうすると、労働市場におけるケアワークの価格破壊が起きてしまう。わたしたちがこれまで理念的な話をしてこれたのは、何といっても労働市場が国内で完結しているという労働鎖国の前提があったからです。今となっては、人の国際移動という意味でのグローバリゼーションに日本が晒されていなかった、のどかな時代の話だったと言わざるをえなくなりました。

立岩　どれだけ払うべきなのかということに関して言えば、上野さんがおっしゃったとおりで、私も同じように考えています。もう一つは、結局、ケアワーク・介護労働に関する価格設定というのは、市場に左右はされますが、最終的には社会的に決定されるしかないものです。それが今現在の非常な困難の原因でもあると同時に、ある種の可能性、「やればやれる」ということでもあるわけですよ。資金がそこへ公的に投入されることなく、完全に市場の働きによって決まるというものではもともとない。ですから、社会的な決定によって、賃金の水準は決定できるし、決定するしかないということだと思うのです。

上野　今の話はわかりやすいですね。露骨に言えば、ケアワークの値段を上げる気がないから、外国人を入れるということですよ。ケアワークの値段を上げず、ケアワーカーの労働条件を一切変えずに、その条件に合意して入職してくれる人びとを求めているわけです。

そういう職場に入ってくる外国人労働者たちが、その後どうなるのかのシミュレーションをしてみましょう。厚労省はＥＰＡ協定（経済連携協定）のもとでの外国人介護労働者の導入に際して、大変汚い手を採用しました。原則としては資格がないと介護保険のケアワークには従事できないので、外国人にも日本人と同じ資格試験を受けてもらうということになりましたが、試験に失敗した人たちのために、「准介護福祉士」というわけのわからない資格を作りました。政府みずから制度の骨抜きをやってしまったわけです。

四年間の在留期間中に資格を取った人は、在留期間を更新してずっと日本に滞在することができますが、そうでない人たちには四年を上限として帰ってもらうということになっています。しかし、今の介護福祉士の資格試験については、まず試験自体が大変だということに加えて、言語の壁もあります。日本語の試験しか用意していないから、ハードルはかなり高いでしょう。来た人たちの何割くらいが合格するでしょうか。そうなると、無資格あるいは准資格の外国人労働者が、賃金をさらに切り下げた補助的な職務に固定されたまま非熟練労働者として働き、四年間で帰ってもらうというシステム、つまり介護現場における有資格職と准資格職の二重構造ができてしまいます。ただでさえ安い有資格者の賃金の下に、さらに低い賃金レベルのワーカーが生まれます。

それだけでなく、四年で帰すというけれども、在留期限を越えて不法滞在をする人たちが当然登場するでしょう。その人たちは法的な在留資格に不安を抱えますから、使用者に対してますます文句を言えない立場になり、離職もできなくなります。今の状態でも離職をすれば労働ビザを失いますから、離職率のきわめて低い安定したワーカー、つまりどんなにきつい仕事でもいやがらず、低賃金でもガマンして働いてくれる人の集団を生み出してしまうわけです。

それにジェンダーが絡むとわたしは思います。外国人というけれども、今回来日したインドネシアの人たちでも、フィリピンの人たちでも、ジェンダーからいえばほぼ一〇〇%近くが女性でしょう。妙齢の女性が入ってくるなら、セックスも結婚もなさるでしょうし、妊娠もなさるでしょう。家庭を営むということにも当然なるでしょう。

グローバリゼーションの中の「ケア・チェーン」という概念があります。再生産のチェーンが先進国から発展途上国までつながり、その末端ではケアが崩壊するという話なのですが、一方で高齢者のケアワーカーとして導入した人たちに、今度は子宮として、日本人のタネを育ててもらうという、つまりケアの輸入と子宮の輸入という、再生産の二重の意味における搾取が起きるのではないか。非常にイヤな予感があります。

立岩　今おっしゃったことは現実に起こりうる、それもかなりの蓋然性を持って起こるだろうということが一つあります。受け入れることを拒めるかどうかという、大上段に構えた話をするのであれば、受け入れない理由はないということも一方では言えてしまいますよね。そういう意味で言えば、「様々起こりうる問題があるから受け入れは駄目だ」という言い方もなかなか難しくて、「様々な問題が起こらないように」という言い方しか、基本的にはできないのだろうなと思うのが二つめです。

受け入れるということに関していえば、「受け入れないとは言えない」という話をしつつ、なぜ、どういう意図のもとで行なわれているのかを問題にせざるをえない。今の価格で抑えようという意図が働いているというのは、おっしゃるとおりだと思います。「それはだめだ、それを変えろ」と、「話の順番としてはそっちが先だろう」と言い続けるしかないわけで、最初の話に戻ってくるわけですけれども、一時間あたり最低いくらにするのか、そしてそれを積算したときに少なくとも最低一人分は暮らせるだけのものにしていくことが先決であると、それ以外に言いようはないのだと思います。

先ほど「なぜ安いのか」ということがありましたが、それは一筋縄ではいかないと私は思ってます。ジェンダー要因もあるとは思いますが、例えば看護の仕事、九〇%以上は女性だと思います。労働条件がよいかと言えばよくはないのですが、それでも少なくとも時間の単価などで言えば、長い間をかけながらもそこそこのところに来たということがある。ですから、今の介護の値段に関しては、複数の要因が絡んでいて、確定できない部分も残るだろうと思うのです。

ただ、要因が確定できなければ何もできないということにはならないですし、先ほども述べたように、ケアに関わる価格は基本的に市場で決まる価格である必要はなく、すくなくともそうでないようにすることはできる、社会的に決定できる価格なわけです。ですから、政治的な決定として一五〇〇円なり二〇〇〇円に持っていくということは可能であって、そっちにいくしかないだろうと。

上野　今のことに関して二つ言いたいことがあります。まず、介護現場における賃金と労働の二重構造ができるということ。それだけではなくて、今の介護保険下のサービスは公定価格の下での準市場だけれども、これも保険内利用と保険外利用に二重化するだろうという予測です。保険内利用は公定価格です。保険外利用は、民間企業も非営利事業体も提供しています。営利企業は保険外利用を公定価格の一〇割負担で提供しています。それだけの負担に耐えることができる利用者は数が多くないので、それほど利用は増えていません。

ところが非営利系の事業体だと、保険外利用についてはコミュニティ価格で提供しています。コミュニティ価格とは、生活クラブ生協神奈川の横田克己さんの概念です。市場価格の五〇〜七〇％でよいとされていますが、その根拠は示されていません。つまり、保険内事業は公定価格の一割負担で提供するが、保険外利用に関しては、持ち出し出血価格、一二〇〇円から一五〇〇円くらいの範囲で提供しているのですよ。有償ボランティアだともっと安く、七〇〇円から一〇〇〇円程度のところもあります。はっきり言って、経営コストを考えればこれは採算割れ価格です。NPO系の人たちには、「持ち出しを覚悟でソンをするのがNPOだ。それをやらないならNPOの存在意義はない」とおっしゃる人もいるくらいです。

しかし、ここに外国人が入っていく可能性がある。「保険外利用のサービスを低価格で提供しましょう。ただし外国人になりますよ」というやり方です。だから現在の制度のもとでも、介護マーケットが準市場と本物の市場にそもそも二重構造化していることが第一。第二に、二重構造化したマーケットのもとで、保険外利用を誰が提供するのか、そして無資格・准資格の外国人ケアワーカーはどこに配置されるのかということなのです。わたしが危惧しているのは、次のような事態です。外国人ワーカーは准介護福祉士の資格しかなかったり、無資格だけど、「保険外利用ならＯＫですよ」「保険外利用が低料金でできますよ」というかたちで提供されていけば、それなりのニーズは生まれるでしょう。そして、介護現場の中でも、おそらく外国人ワーカーは、他に移動する選択肢のない施設の高齢者向け、そして口もきけないような重度の人たち、要介護度４、５で寝たきりで動けない高齢者と、認知症の高齢者に配置されるだろうと思います。

低料金の保険外利用は協セクターの非営利事業体が提供しているところと完全にバッティングします。有償ボランティア精神で提供してきたコミュニティ価格のサービスと、無資格外国人ワーカーが低料金で提供するサービスとが競合する関係に入るかもしれません。これが一番イヤなシミュレーションですね。

立岩　今の状態が拡大していけば、そうなりますよね。その場合に、コミュニティ価格で提供している非営利の部分はどうするのですか。撤退するのですか。

上野　非営利の人たちは、自分たちの低賃金を支えてきた非市場ファクター、つまり理念とプライドをずたずたにされてしまうでしょう。結局、サービスの選択が、最終的には価格訴求に還元されてしまうからです。介護保険施行前の地域の利用者調査で「なぜこの事業体のサービスを使ったのか」と聞くと、残念ながら価格訴求が一番高いのです。「志が高いから」とか、「よいサービスを提供しているから」というような要因はそれほど働いているとは思えません。理由はいくつもあるのですが、一つにはくらべて選べるほど事業者の数も種類もない。二つめには、利用者がそれほど多くの業者を知らないし、くらべて選ぶ能力もない。三つめには、一般に支払いは家族がしていて、意思決定も家族がしている。ですから価格訴求で決定される要因が高い。ですから地域でケアワークの価格破壊が起きて、サービスの価格訴求が始まったら、非営利事業の人たちを支えてきた理念やプライドが吹っ飛んでしまうでしょう。それがわたしにはとても怖いのです。

立岩　公的な制度がないあるいは少ないところでは、市場で私的に介護労働者を調達するしかないといったことになります。買える人は買うし、買えない人にはなにもない。例えばアメリカではおおかたそうなっている。で、誰が雇われるか。昨年、私の勤め先の大学院の院生が韓国に行って神経難病の人たちを訪ねてきたのですが、そこでは中国にいて韓国に渡ってきた朝鮮族の人が安く雇われていたりしているということです。

上野　一番の社会的弱者がケアワークの担い手になっているわけですよね。

立岩　そうなっている、そうなるに決まっているから当座の間は移動をストップさせるということは、少なくともそれに巻き込まれてしまう労働者の主張としては正当な主張だと思います。そして、制度外で利用しなければいけないというのは、制度で使える部分では足りないからで、それがそのマーケットを作らせているわけですよね。

ですから結局、話は原理原則に戻ってくるわけです。必要の全体をまかなえる制度にするというのがまず一つです。そしてそれに「ディーセントな」価格設定をすることは原理的には可能である。後は予算的な問題になる。そして、今まで無償で行なわれてきたことについては、それに値段を付けることが全体の負担の大きさを変えることはありえないことを確認する（『良い死』第3章4節1

「同じなら同じでしかない」)。そして、増える分については、増えてもよいと腹をくくった上で、どれだけ増えるのかという話をし、それが非現実的ではないという話をして、その心配を取り除いた上で、普遍的かつ払うべきものを払う、という仕掛けを先に作るという以外にやりようはないですよ。

上野　理念的にはその通りなのですよ。国籍を問わず、どんな人にも同じ資格条件と労働条件の下で働いてもらうことが公正という原則ですから、おっしゃる通りなのですが、そうすると「同じ資格条件を適用するなら、外国人にも介護福祉士国家資格をちゃんと取ってもらう」、そして「同じ労働条件を適用するなら、地域最低賃金制も適用するし、各種労働法制の保護のもとで働いてもらう」と。そこまではまったくよいのだけれども、現在の「同じ労働条件」のもとでと言っても、それ自体がそもそも低すぎるから、日本人は入職する意思がなく、また離職する可能性が非常に高いわけですね。

ところがその「同じ労働条件」に文句も言わず、離職率も低い人たちが入ってくる。そうするとケアワーカーの労働条件全体を底上げしていこうというドライブが働かなくなります。しかも、先ほど立岩さんがおっしゃった、「せめて最低一人で暮らせるだけの賃金を」というときの労働力再生産費用は、社会的・歴史的に変動します。かつてわたしたちが絶対的貧困と考えてきたものと、現在の貧困では水準が違います。今日でも、出稼ぎに来ている中国人労働者たちのなかには、ワンルームのアパートで四人で共同生活しながら、故郷にお金を送っている人もいます。そのような生活でもかまわないというような人たちがでてきたら、議論の底が割れてしまうでしょう。

立岩　それはその通りだと思いますが、「そうなるだろう」ということを予測として認めた上で、「こうするしかない」というのが私の話だったわけです。上野さんとしては、この話をどこに繋げていこうとなされるのか。

上野　だからそれを言われると悩ましいところなのです。労働鎖国を続けようとはやはり言えない。言えないから、原則的には日本人と同じ条件でということになるのだけれども、その条件を改善する道筋が付けられない、付けられなくなる状態が生まれてしまったら、大変に困る。

『季刊ａｔ』の連載でも書きましたが、四年間の在留期間中に資格試験に通らない人たちが相当数生まれますが、不法滞在することにならなければ故国に帰らされるわけで、いずれはインドネシアやフィリピンで人材のプールができるでしょう。その上、日本に移民してきた労働者たちで、永住をしたいと思う人などほとんどいません。こんな住みにくくてイヤな国は、カネだけ稼いだらとっとと帰りたいと思う人は多いです。家族を作ったりして日本に定住を決意しない限りは、本国に戻るでしょう。そうすると、有資格・准資格・無資格の人たちで、日本におけるケアワークの経験のある人材のプールがアジアの諸国にできます。グローバリゼーションのもとでのケアの国際移動には、ケアワーカーの国際移動だけでなく、要介護者、ケア・レシピアント（ケアの受け手）の国際移動もありえます。介護保険は今でも、地域外利用を認めていますね。この地域外利用を、あとワンプッシュすれば、国外利用も可能になるかもしれません。有資格者をどれだけそろえるかといった一定の認可条件を備えた海外の事業所を、介護保険指定事業所として認可することは、法を改訂しさえすれば問題なくできるでしょう。だから東京都の高齢者が群馬の施設で過ごすように、インドネシアで過ごすこともありうるわけです。グローバリゼーションの中で、ケアワーカーとケア・レシピアントの逆流が起こるかもしれません。それもあながち、悪夢ではないような気がします。

立岩　制度の話を横に置いたとしても、それに近い話というのはありますよね。一般的には生活コストの問題で、高齢になったらアジアに行こうということがありますけれども、その中には介護のコストを込みで考えているケースも増えています。

上野　私費なら、今でもまったくOKです。そこから介護保険適用までいくのは、あと一歩ですよ。だって外国から人を連れてくるより外国へ高齢者を送り出す方が、イニシャル・コストもランニング・コストも安いのだから。

そうなると、ワーカーの間の二重・三重構造ができるだけでなく、ケアの受け手の側にも何重かの構造ができて、支払い能力のある人は日本人有資格者による高額料金のサービスを受け、支払い能力のない人は無資格の外国人ワーカーの低料金のお世話を受けるというランク分けが生じるかもしれませんね。

立岩　それは、グローバルという意味では新しいのだろうけれども、国内的なことで言えば、ある意味ずっと起こってきたことであって、東京の年寄りや身体障害者が、秋田や山形の人がいないところへ行く。というか、そこにある施設に行かされる。人を雇うのも安いし、建物を建てるのも安いですから、そうやって東京都民でありながら地方で暮らすというのは、ここ何十年も起こってきたことですよね。ある意味ではその延長だと思うのです。コスト的にそちらの方がよいといえば、そうなるに決まっているし、現実にそうだった。それに対するアンチというのが、「そうやって住む場所を決められたらかなわん」、「東京に生まれたのに秋田に行かされるのは駄目だ」という流れが、反施設・脱施設の流れだったと思うのです。基本的にはそれと同じことを繰り返し言いつつやっていくしかないということでしょうね。そこのタガが働かなければ、上野さんがおっしゃったようになっていく。

上野 そのとおりですね。今の話を伺うと、障害者の歩んできた歴史が、色々な意味で高齢者の今後の参考になると改めて強く思いました。コロニー主義・施設収容主義がそういう棄民を生んできたわけですね。原理的には、障害者の場合も高齢者の場合も、「脱施設」の方向を考えていくしかありません。脱施設の結果が、個別の住宅になるか集合住宅になるかは別にしてもね。

立岩 人が集まって住むこと自体は、よい場合とよくない場合があるとしか言いようがないわけで、場合によればよいと思うのですよ。それは人の好みとか、いろいろなことによって変わる。「そういう住み方があってもいいよ」と言いつつ、にもかかわらず、反施設・脱施設と言っていた人たちが、なぜそれを言ったのかを確認する。そういうスタンスを維持しなければ、ずるずるいってしまう。

上野 集住と施設化はまったく違うことです。そこはおさえておかないといけない。

立岩 でもその集住のありかたがどういうものであるのか、ということだと思うのです。集まりたい人が集まって住むということは、何の問題もないわけですよ。それはその通りです。

ケアワークはなぜ安いのか

上野　もう一度基本に戻って、ケアワークの値段はなぜ安いのかという問いを検討したいと思います。理由はいくつかあります。先ほど出た議論だと、経済外的な報酬があるから安くてよい、という議論があります。現場のケアワーカーの方々を見ていると、わたしは動機付けを持った人たちが不足しているとも思わないし、人材難とも思わない。ただ、労働条件が悪すぎるから離職率が高いだけで、ケアワークそのものに対しては非常に高いモチベーションと満足感を持っている人たちが、若い人たちも含めて現にいるという手応えはあります。しかし労働に生きがいややりがいがあるから、賃金が安くてもよいということにはなりません。なぜなら対人サービス的な業務で、達成感と手応えが非常に高く、かつ高賃金で安定した職業はいくらでもあるからです。例えば医者や弁護士がそうですよね。教師は相対的に低賃金だけれども、教師もそういう職業のひとつです。ですから経済外報酬があるということは、経済的な報酬が低くてよいことの理由にはまったくならない。それが第一です。

第二は、非熟練職だからという議論があります。看護師の話が出ましたが、看護師の賃金が介護士にくらべてなぜ相対的に高いかというと、人材育成、つまり人的資本の形成にかかる教育訓練費用の投下が大きいと見なされているからです。医療業界で、医師と看護師の職域分離を垂直型から水平型に変えようと考えている人たちのやっていることは、看護師の高学歴化です。医師の教育訓練の期間が六年間であるのに対して、看護師の教育訓練も修士課程付きの六年間にすれば、教育歴が同じになるから対等になるだろうという道を歩んでいる。わたしはこれは危ない道だと思うのですよ。この考え方だと、ケアワーカーには教育訓練の費用がたいしてかからないから、非熟練職だと。だから安くてよいという議論になりますよね。これに対してはどういう反論ができると思いますか。

立岩　まず、非経済的なファクターがあった場合に、それが労働インセンティブとして働くから、その分賃金が安くても人が集まる場合があるということは、一般論として言えると思います。ただ上野さんもおっしゃったように、現実にはそういった純粋なマーケットとして労働市場そのものが成り立っていませんから、非経済的な満足度も高いし、経済的な報酬も高い、しかもそのことを供給側の希少性によって説明することもできない、そういう職業はいっぱいあるというのもその通りです。これは押さえなければいけない。

そして第二に、仮にマーケットの中でそうした非経済的なファクターが絡んでいるので経済的な対価が安くてもよい、それでも人が調達できるということがあったとしても、だから安くてもよいのかということについては、話が別だと言わざるをえないし、言うべきであろうということについても、その通りだと思います。

また、この間ずっと、介護に関しても非熟練労働だから安いのだから、熟練労働にして、資格・専門性の高い仕事にすることで労働条件を良くしようという話はあったと思うのです。例えば看護は現実にそういう道を歩んでいるということだと思います。私は場合によれば、看護などである職域や職能の違いが出てきて、それに従って報酬を若干上乗せするようなことがあってもよいと思うのです。しかし基本的には、資格の話も含めてですが、非熟練労働だと居直らざるをえないというか、そこから話を立てないとかえって足もとを掬われることになるだろうと思います。専門性・技能としての希少性の高い部分があることを否定しようというわけではありません。それはあります。ただそれが全体のどれだけを占めるかということです。

まず、この話と同じではないのですが、そもそも専門性を担保するなどといって設定されている資格というものがどれほどのものかということがあります。ちゃんとした介護者になるために資格が本当にいるのか。試験が本当にいるのか。いらない、かえって迷惑だという指摘・主張があって、私はその通りだと思っています。資格や教育歴がよい介護者であることには必要条件ではないと考えています。質の管理自体は必要だと思いますが、今のやり方がよいかと言えば、まったくそうは思わない。既に経験を積んだよい介護者なのに、金をかけ時間をかけ役に経たない講習を受けなければならない、といったことが実際によくあります。

技能は必要です。ときにはかなり高度な技術が必要です。ただ、そうでない部分もあることは認めざるをえない。ざるをえない、というか、普通に認めればよいのですよ。誰でもできるから安くしてよいという話を呑んでしまえば、終わりなんですよ。例えば育児というのはたいへんに複雑な仕事であり、ある意味では高度な仕事ですが、なぜだかかなりたくさんの人ができてしまう。その理由はよく分からないのですが、そういう仕事です。それを日本の中で何千万人という人ができてしまっている。まったく喜ばしいことです。しかしできてしまっているから安くてもよいと言ってしまえば、育児の社会化だとか、お金をちゃんと出すという話自体が成り立たなくなるに決まっているわけです。そう考えれば、高度な仕事であるから、熟練労働であるから高くして、そうでないものは安くてよいという話をここで始めれば、ケア労働に対する経済的な評価という話が崩れてしまう。

上野 そこは一〇〇%同感です。看護職が歩んだ轍を踏むなかれ、つまり介護職が高学歴化と有資格化の道に迷いこむのは、落とし穴だと思います。

その次に、ケアワークの値段が安い第三の理由として、わたしはジェンダー要因をどうしても挙げたい。ケアは、「女がもともとタダでやってきた労働だから、支払う必要はない。女なら誰でもできることだから」という信念は、牢固として強いですね。それだけでなく、既婚非婚を問わず、女については、使用者が労働力再生産費用の責任を持たなくてもよい労働力だと考えられてきました。これが決定的だと思います。パート労働についてのヴェロニカ・ビーチィの言葉を、わたしはいつも引くのですが、「低賃金の職だから女が就いたわけではない。女向けに作られた職だから低賃金なのだ」という彼女の発言は、実際その通りです。番狂わせは、女向けに作られた低賃金の職種に、最近では定年退職者の男性や若者の男性が入ってきたということでしょう。

立岩 事実上はジェンダー要因と言えるのですが、家族という形態が低賃金労働を可能にしているということはあるでしょう。その収入なら普通だったら一人前暮らせていけないのだけれども、だれかが余計に稼いで、それを合わせると世帯の生活が保てるという仕掛けがあることが前提になっている。その限りでは、男の方が稼ぎの少ない仕事の方に回るということもありうるわけですよね。

上野 理屈の上ではね。しかし結果として、蓋然性と分布を考えるとそうはなりません。もしそれ

×立岩真也

を解体するなら、日本の給与体系の中にある、家族給システムと年功給制度を解体して、個人単位の職務給体系にするしかありません。しかしそれは労働者団体が絶対に呑まないでしょう。

立岩 家族というファクターを入れたときに、労働、あるいはそれに対する対価をどう考えるかは、けっこうやっかいな問題で、考えることはまだたくさん残っていると思っています。それはでかい話です。「家族・性・市場」という題が付いている、二〇〇五年十月号からさせてもらっている『現代思想』での連載も、本当はそのことを考えるために始めたはずです。それが途中までで止まって、労働全般について考えますみたいになってますが（その後さらに逸脱）。そのうち再開させますけど（再開させられないので、概略を記した立岩真也・村上潔『家族性分業論前哨』（生活書院）を二〇一一年に刊行）。

上野 家族給については、成人になった男女がだれかの扶養家族になることを認めない社会はたくさんあります。子どもは別ですよ。扶養家族には子どもがあります。先ほど老障幼統合について話しましたが、幼を統合する際、子どもが受けるケアに対する保障ではなく、子どもが育つことに対する子ども年金が発生して当然だと思っています。今の焼け石に水のような扶養手当でなく、親に依存しなくても食べていけるだけの児童給付が子どもに発生するというしくみです。理屈から言えば、日本は法律で少年労働を一四才まで禁止しているわけですから、国家が労働を禁止するなら、国家はその子どもの生活を保障する義務が発生すると考えればよいのです。児童給付は、子どもが育つことに対する国家からの賃金だと考えればよい。そうなれば、給与体系が完全に個人給・職務給に還元されて、その人に子どもがいても、子どもは扶養家族にならずにすみます。子どもは子どもで自力で生きていけるだけの給付を持つからです。子ども給が一人一〇万として、子どもが三人いれば三〇万だから、それに親がぶら下がって生活しようと思えばできます。その間は親がフルタイムの専従育児者になれるというくらいの選択肢があってもいいと思っているくらいです。障害者で障害のある子どもを産んだ安積遊歩さんが、うちの子どもは国家から給与（障害者年金）をもらっている、同じような給与が障害のない子どもにもあって当然だとおっしゃっていますが、まったく同感ですね。それだけあれば、虐待する親から、こんな親イヤだと、持参金を持ってよそへ行くという、親の選び変えもできますし（笑）。

立岩　育てる費用でなく、育つ費用を出すのだと、『家父長制と資本制』（岩波書店、一九九〇年）の頃から上野さんはおっしゃっていますよね。あの本にはいろいろ不明なところがあると私は思っていますが、そこは賛成です。というか、理屈はいろいろ変なところがあると思う本なのですが（前出『家族性分業論前哨』）、実践指針についてはほぼ全面的に同意なのです。

その上で、現実にあることとは、そうしてお金を生み出す人間で食っていく家族、手放さない家族が出るだろうということです。介護保険の時、家族による介護に払うか払わないかという議論がありました。基本的には払ってよいのです。ただ、それによって、家族が介護に繋ぎ止められてしまうことが懸念され、なしということになりました。その逆に、というか、家族がそれを頼ることになる場合もある。かなりの重度で長い時間の介護が必要で、なおかつそれに対してお金が出るという仕掛けの下、そこそこの収入がそれによって得られる場合、それによって家族が食っていくということもある。それ自体は悪いことはまったくない。しかし家族から離れたいのに、放してもらえないということが起こったときに、それをどうするのかということはある。育つ費用、暮らす費用だと捉える、それに関わる仕事をする人を本人が選べるというのか、上野さんの主張の趣旨ですが、それを現実のものにするにはさらに一工夫いる場合があるということになります。家族であろうがなかろうが、働いてくれる人を本人が選べて得られるという仕掛けが作れたなら、その上で家族が給付を受けてもかまわないというのが正解なのですが。

上野　今でも親の年金を金づるにしている中高年パラサイトのような高齢者の経済的虐待はいっぱいありますから、すでに起きている事態ではあるのですが。

立岩　春日キスヨさんが今度の本でも書いてらっしゃいますね（『ニーズ中心の福祉社会へ』第4章「ニーズはなぜ潜在化するのか——高齢者虐待問題と増大する「息子」加害者」）。

上野　こういう議論は、労働者団体が反対するだけでなく、男性がジェンダーを挙げて反対するだろうとわたしは思います。なぜならばこのシステムは、はっきり言ってブレッドウィナーとしての男無用のシステムだからです。つまり、家族給システムが支えている男性の家庭内権力を完全に掘り崩す分配の方式なんです。子どもに自分が育つ給付を確保し、それにどのような養育者が付いてもかまわないということですから、経済的扶養者が要らなくなります。

わたしが以前この話を、ＪＣ系の若手男性経営者たちの団体で話したときに、実に的確な反応が来ました。「上野さんの今言っているやり方は、男の乗り逃げを許容することですね」という。「乗り逃げだったらそこの奴がやっているよ」ということで、一同爆笑だったのですが、わたしはその時、核心を衝く理解だと思いました。つまり、個別の男の乗り逃げは許容するが、集団としての男性の責任は結果として重くなるという再分配のしくみです。立岩さんがおっしゃったように、子どもがいようがいまいが、より多く稼いでいる人から、子どもへ給付が移転するということですから、乗り逃げはいくらやってもかまわないけれども、集団としての男の負担は増えます。女の側から言えば、妊娠したからといって相手に結婚を迫ったり、認知を求めたりしなくてもすみます。だから個別の父親としての権威は解体していくわけです。男は絶対にこれには賛成しないと思いますね。

立岩　まあ、賛成する人としない人がいると思いますよ。「そっちの方が気楽だ」と言う男もいます。

上野　そういう男が増えてくれればいいですけど（笑）。

立岩　家族から家族でない方へいくときに、誰の負担が増え、誰の負担が減るのかということには、けっこういろんな要因が絡むのです。子どもに関していえば、おっしゃるように子どもがいない家族の負担は基本的に増え、いる方は減ります。これは高齢者に関してもそうです。家族の負担から社会の負担へという変化において、家族、というかその個々の成員の負担全般が減るということにはなりません。税・保険料の支払いといった経済的な負担を誰にどのように求めるかによって変わってきます。私が推奨するたくさんあるところからたくさん、という方法の場合はまた違ってきますが、普通に想定される均等負担の場合、ある家族については増え、ある家族については減るということになるはずです。

上野　その家族が近代家族型のモデルではなくて、養育者が一人でもかまわないとなれば、シングルマザー世帯でも子どもを育てやすくなるわけですよ。ここまでシングルマザー支援策が出てこないかぎり、政府の少子化対策が本気だとはわたしは信じません。

ケアワークの値段はどうして安いのかということについて、最後にもう一つの要因を挙げましょう。マーケットが閉じていると考えた場合には需要と供給で価格メカニズムが働きますが、グローバリゼーションはマーケットに穴を開けてしまいます。その際、一番クラシックな議論が、労働力予備軍説です。どんなに価格が安くても供給がある、つまり代替労働力が無尽蔵にあるところでは、価格はボトムラインに抑えられます。これが起きるのが外国人労働力の導入ですね。

日本では今、色々な規制をかけた上で国内労働市場に穴をこじ開けて、ようやく何百人という規模でおそるおそる外国人ケアワーカーを入れたところです。こんな程度の規模では、砂漠に水一滴を落すようなものですから、大した影響はないと思います。しかし昨年、外務省が日本の外交史上初めて、「移民」という公式用語を使いました。それまではずっと「外国人」と言ってきたのに。そして経済団体が初めて、「移民一〇〇〇万人計画」を出しました。今の日本の市場規模を維持しようと思えば、移民を一〇〇〇万人規模で入れなければならないというわけですが、その中でかなりの人たちがケアワーカーになるとしたら、ケアの労働市場に労働力予備軍説という非常に古典的な議論がもう一度蘇ることになります。

先ほど、「上野さんはどうするのですか」と問われて、非常に悩ましいところに追いつめられたのですが、率直に言えばどうしてよいのかわからないのです。労働鎖国を維持しないとすれば、いったいどうしたらよいのか。

立岩　基本的には「来るな」とは言えないはずなのです。どんな仕事に関してでもあってもね。ただ、格差があり、世界にはさらに大きな格差がある場合、言語等の壁を超えて、というか言葉があまりできなくてもできるような仕事は限定されるから、自由に移動できたとして、やってくる人が就く仕事は必ず偏り、結果起こることは、その仕事の条件・賃金がさらにわるくなることです。それで迷惑する人たちが怒るのも当然であり、自由化を認めるなら、条件がわるくならないようにするべきだと、それまで自由化を認めないというのはもっともな主張だと。

他方、いろんな国が、いろんな理由で制限をきつくしたり緩めたり、意図的に入れたり止めたりしてきたわけです。一つは、大きくは自由化する場合とそう変わらないのだけれども、所謂単純労働者の受け入れです。他方、国によっては高度な専門職の部分で入れるという選択を取っている国もありますから、場合によったら賃金格差が縮小するという人の入れ方もあります。ただその場合には、送り出す国の人たちが迷惑することがあります。金をかけて人を育てたのに出ていってしまってというわけです。

いまアジアから介護労働者をという場合には、受け入れ側は、労働条件がわるい中で人が集まらないのをどうかしようということでしょう。送り出し側が積極的になるとすれば、出稼ぎ、仕送りをあてにする場合でしょう。そして無制限の受け入れは考えていない。すると基本的には安く働かせたいからなんだけれども、日本語であったり資格であったり、ときには嫌がらせのように思われる条件をつけて制限するということになる。

そんなことが起こっている、起ころうとしているのだと思います。それに対して、今働いている人たちが、この職種に限って人を入れることについて、すくなくとも労働条件が根本的によくならなければ、それまで反対することは正当だと思います。受け入れないと受け入れられなかった人たちが生命の危機に瀕するといった場合はまた別ですが。

ただそれでも、そういう「正規」のルート、職種限定で受け入れるという枠ではなく、やってきて、その人たちが、制度の中での、また外での、つまり利用者やその家族の私費で雇われるという人たちは出てくるでしょうね。

上野 今度は、その外国人労働者の利益を守るのは誰でしょうね。国内の労働組織はそんなことはやらないでしょうし。「言っていくしかないでしょう」とおっしゃるけれども、誰が言っていくのか。

立岩 労働条件が異なる二種類の人たちが分かれて固定化されるとやっかいなことになりますよね。これは、外国人ということでなくても、正規雇用者と非正規雇用者の間で今起こっていることでもありますよね。企業内労働組合は誰を守るのかという話でしょう。守られる人と守られない人が、組織の中で出てきています。他方を守らないことが、自分たちを守ることであるということが、実際にはあります。むろん、それは不当であると言えますし、実際不当ですが、しかし、だからすぐにそれがただされるわけではない。他方、劣位に置かれている側は、むしろ市場を、具体的には雇用者を見方につけようという動きに出る場合もある。同じ仕事ができるのだから、自分たちを雇った方が得だよというわけです。対立が起こる。昔からあったことですが、やっかいなことです。

ただ、介護労働者の場合には、まだそのような分化は起こっていない。というか、以前だったら、施設労働者として常勤職員がいてその人たちは労働組合によって一定守られていた、それ以外に非常勤の人たちがいたといった具合だったのだけれども、それも解体している、というか在宅福祉の場合にはそもそも組織化といったことになっていない、なれていないわけです。しかしこれはよいポジションにいるとも考えることができます。夜勤だとか仕事の辛さ、責任の重さにまつわる待遇の差異は認めてよいとして、それ以外の待遇の差を認めないという動きを作りだしていくことが、不可能ではありません。

そして介護については、基本的に交渉の相手は一つです。つまり国家に対して要求を集中させていくことができます。むろん公的保険や税金でなく私費で雇われる労働者の賃金はそこで決定されるわけではありません。しかしその場合でも、介護の全体を公的に保障するべきだと主張していくことができます。具体的な動きもないではないようです。例えば「かりん燈——万人の所得保障を目指す介助者の会」といった組織が活動を始めています（関係する人の著作に渡邉琢『介助者たちは、どう生きていくのか』生活書院、二〇一一年）。

話が飛ぶように思えるかもしれませんが、一つ言えるのは、「ここは俺たちで頑張る」というある種のローカリズムを、「共助」ということを言う人たちは言いがちなのだけれども、それの無理さ、限界は自覚しているべきだと思うのです（『希望について』（青土社、二〇〇六年）所収の「限界まで楽しむ」等）。

例えば地方分権という話があるわけです。地方に様々なものを委譲してやっていけばそれでうまくいくという議論があるわけだけれども、私にはとてもそうは思えない。介護ということ一つをとってみても、それが必要な人口の度合い、あるいは生産年齢にいる人の度合いというのは、地域によって明らかに違うわけですよね。違うときに地方分権をそのままに進めていけば、それでやれるところとやれないところに格差ができるに決まっているわけです。もちろん、地方分権を言う人も、その程度のことはさすがにわかっているから、税金をどうにかして右から左に移せばよいというのだけれども、渡す側の自治体が十分な主権を持った場合に、渡すでしょうか。

困難を抱えているところが、なんとか自分たちでやろうとする。そうやって、地域の小さな事業所が、多分な手弁当的に身を削ってがんばってやっている。それは立派なことではあります。しかしその分他が楽しているということです。そしてがんばるったって、限界がありますから、水準は下がる、頭打ちになる。

そう考えるならば、基本的には普遍的なことを考えるしかなくて、介護・ケアに関わる費用の負担は、少なくとも国家を単位とするならその国において普遍的なものであるべきなのです。そうでなければ人口の流入や流出も、当人たちにとって好まざる形になる。介護を必要とする人の流入をこれ以上受け入れらない自治体が出てくるといったことが起こる。実際に起こっている。それを引き延ばせばグローバリゼーションの話にもなるわけです。

そこで単位を小さくしていくという選択肢は、なるだけとらないということしかないのだと思います。そしてそれは実際の供給主体が、小さくてよい、ときには小さい方がよいということとまったく矛盾しません。むしろ小さな事業体が活動していくことを可能にするはずなのです。『生の技法』（藤原書店、一九九〇年（増補改訂版は一九九五年、第3版は生活書院、二〇一二年））以来ずっと言ってきたことですが、金を集めて分ける単位は大きい方がよい、他方、それを使って仕事をする組織は小さい方がよいことがある。「福祉ミックス」とか「自助・共助・公助」とか言う人には、このとても単純なわかりやすいことを理解しないあるいは理解したくない人がいます。財源の部分でもいろいろあった方がよいといったことを言ってしまうわけです。しかし、財源面も含め、一つ一つの地方自治体が頑張るという地方分権が何をもたらすかということです。上野さんが『ａｔ』の連載で書かれていた鷹巣町の高齢者福祉の悲しい話はこのことに関わります。

共助で、「俺たちはとにかく頑張るんだ」というプライドで牙城を守ること、プライドがあるのはよいことだと思います。だけど、自分たちだけでなんとかしようとすることの無理もあるわけで。もちろん現実的にいろいろと難しいことはあるのだけれども、普遍的に考えていくという以外にない（前出『税を直す』第1部第2章他）。

上野　それはおっしゃるとおりだと思う。生産年齢人口の分布と高齢化率の地域格差を考えたら、たとえ地方に納税権を与えたとしても、格差は解消されないし、拡大する一方ですから。その点では、福祉に関しては国という範囲で公的に責任をとるべきだというのはおっしゃるとおりです。ただその際、外国人を、ワーカーとしてだけではなく受益者としても考えると、社会連帯の範囲がどこまで及ぶかという問題があります。

もし年越し派遣村の住民の半分が外国人労働者だったらどうだったでしょうか、日本の世論・メディア・政府はどう反応しただろうかと考えてみます。社会福祉とか社会保険のネックは、社会連帯の範囲がどこまで及ぶのかということですからね。ただそういうことを自分で言っておきながら、それでもなおいくらかの希望を持っているのは、介護保険が「国民」という限定を最初から付けなかったことです。健康保険は「国民健康保険」としてスタートし、しだいに適用対象を拡大してきましたが、介護保険は最初からその限定がありませんでした。外国籍でも定住者で保険料を納めた人であれば、誰もが受益者になれる。

オプティミスティックと言われるかもしれませんが、生産年齢人口として入ってきて、ケアワークを支えてくださった外国人の方々が、今度は被保険者としてお金を払いながら、自分たちの老後の安心を日本で買うと考えていただければ、循環的なよい社会ができるわけです。だからそういう人たちが、日本に定住してもかまわないと思えるような社会ができればよいのですけれどね。

介護保険の未来

立岩　基本的に言わざるをえないポイントは、単位を小さくすることで、単位間に格差があることによって、いろいろなところにしわ寄せが起こっていることが現実であるということです。グローバリゼーションの問題というのも、人が来たくはないのに来てしまう、出て行きたくはないのに行ってしまうということで、それは境界を持つ間で起こっていることなのです（『良い死』第3章「犠牲と不足について」等）。

だから原理的な答えは一つしかなくて、場所と場所の間の有利不利がなくなれば、人は行きたいところに行くようになるし、留まりたいところに留まるようになる。これは自明のことなのですよ。ところがあまりにもそれが困難であるがゆえに、世の中の全てのことは起こっている。原理的な答えはあるに決まっているのだけども、それは現実的にはあまりにも困難なのです。ただ、事情がそうであることが分かっていれば、負担の単位にしても徴収の単位にしても、小さいより大きい方がよいということは言えますから、一気に世界大にものを作っていくというのは確かに荒唐無稽だけれども、方角としてはそちらに向かった方が、結局はうまくいくのだという視点は持っておきたい。それが一つです。

それからもう一つは、私の思うことと上野さんの間では差異が残っていると思うのだけれども、この間のいろいろな重苦しさや難しさには、一人ひとりのために一人ひとりがという枠組みの中で物事が動いてきたことがかなり大きな要因になっている。繰り返しになりますが、介護保険自体はないよりもあった方がよかった。しかしそれは、我がために自分がかける保険を大きくして強制的にしたものが、社会保障・社会福祉であるという言い方のもとで言われもし、実現し、そのなかでそんなものかと人々が思うことになったのかもしれない。そして実際、基本的には一人ひとり同じ額の保険料を足し合わせ、それにいくらか税金を加えた程度の予算に実際の供給も制約され、どうやって切りつめていくのかという話にもなった。そういうことで言えば、こうやってできてしまった、一人ひとりが定額で払って応益負担していくという仕組みは、現実には当面続けざるをえないし、部分的に改正していくのが関の山だとは思いますが、基本的にはそうであるべきなのか、と、そうであるはずなのかが、ものを考えるときの分け目となるということが、依然として私の考えていることです。

上野　原理原則の話では、わたしは立岩さんに何の異論もありません。

それに二つだけ付け加えるとすれば、まず第一に所得の再分配についてです。介護保険は国籍条項がないという点で画期的でしたが、生活保護法にも国籍条項が最初からありません。一九五〇年代の在日朝鮮人帰還事業は、生活保護率の高い国内の朝鮮人を国外に押しやって、社会保障費の抑制を図りたいという動機が政府にあったことを、テッサ・モーリス－スズキさんが指摘していますね。例えば派遣村の住民の何割かが外国人労働者であったとしても、主催者の対応が少しも変わらず普遍主義的であれば、千代田区への生活保護の申請も国籍を問わず行なったでしょう。原理原則から言えば、所得の再分配という大原則は、国内のすべての住民に対して今でも適用されています。ただし運用上に抑圧や差別がありますけれど。その点では、社会連帯は日本国内に住民として住んでいる人びとに対して普遍的に及ぼされています。

第二は、これから先、介護保険がどうなっていくだろうかという予測です。わたしたちは二人とも、介護保険を改善する方向で考えていますが、介護保険の失敗を望んでいる人たちもいるわけですよね。それでも介護保険をなかったことにするのは、どの政党の政治家にとってもあまりにリスクが高い選択ですから、誰もそれはしないと思いますが、運用によってどこまでも制度を空洞化していくことは可能です。制度はあるが実体はないというかたちにしていくことは可能ですし、官僚たちはそれに長けていますから。この制度の空洞化をどうやって食い止めるかは、有権者が本当にきちんと監視をして意思決定をしていかないといけない。そうでないと歯止めなく後退を余儀なくされてしまうおそれがあります。

ですから、今さら介護保険がなかった時代に戻ることはできないが、保険の内実をどうしていくのかは、これからの舵取り次第だということです。しかもそれが政治的な選択だということは、はっきり言えると思います。ですからわたしは、今度の選挙は社会連帯をめぐるビジョンの選択であってほしいと思っているのです。

立岩　はい、普通の意味での政治的な変化が生じる可能性はあるだろうと思いますが、それを実質的な変化の方にもっていけるかどうかだと思います。そう思う人たちが、いろいろキャッチフレーズを考え、アジテーションやってくれたらよいと思いますが、こちらとしては、きちんと確認できることはっきり言えることを、まずは確認し言っておくという仕事しておく、そうのんびりとでなく、しておくことになろうかと。『現代思想』で連載しているもののなかでここ三回くらい（二〇〇八年一一月号・一二月号・二〇〇九年一月号）税金の話を書いていますが、今だからその話をしなきゃいけないと思っているのです。今月はこの対談があるのでお休みですが、来月からあと三回書かせてもらって、それで、歳入・歳出の試算を別の人にやってもらって、青土社で本にしてもらうつもりです（前出『税を直す』、計算したのは村上慎司）。来月号では、「お金が多くある人は多く、少ない人は少なく、負担するのが当然だ」という、もっともなように聞こえる話がじつはもっともでないことを確認しようと思っています。負担しなくてもよい人もいるという当然のことを言うつもりです。実際には負担しているし、税として負担しない人も負担しているますが。そんなことさえ今さらのように確認しなければならないことになっているわけです。

『ニーズ中心の福祉社会へ』の中では、九一年当時の所得税に戻れという話があります。私もそれに賛成ですが、その手前、八〇年代に税制についてかなり大きな変更があって、九一年はむしろそれが終わった後の出来事です。しかし八〇年代に何があったのかを多くの人は覚えていない。知らない。その後のことが前提になっていて、そこに保険を加えるとか、消費税をアップすることで対応をするというのが世の定めとされている。しかしそれを前提として右に行くか左に行くかという話をしてもしょうがないと私は思っている。もとのところで、どういう水準の生活があってよくて、そのためにはどういう取り方をするのかという基本的なところで、ここ数十年とってきた方向が違うことを明示する。その方がかえって、有権者の相当数の指示は得られるんじゃないかと。

上野　立岩さんには、その合意形成の道筋まで示してほしいですね（笑）。

立岩　例えば所得税の累進性を今よりもっと強めてもよいというのは、私が一〇年以上前から言っていることなのですが、間接税を上げるという案よりも実現可能性はあるのではないかと。中くらいに稼いでいる多くの人たちについては、納税についてプラスもマイナスもあまりないようにするとしましょう。すると反対はしない。政策の提示の仕方によっては賛成する。あるいは、平均以下の人については基本的に今よりよくなるようにするという示し方でもよい。すると半分以上の人は賛成することになる。たくさん収入を得ている人たちは常に少数派に決まっているわけです。そこから多くとって、そうではない人は現状維持、あるいは楽になるとしたら、多数決で物事が決まるとき、一～二割の人は反対をするでしょうが、残りの人たちは賛成する、あるいはその可能性があるわけですよね。それが一番単純な答えになると思います。

上野　そうすると、オバマ型のポピュリズム政治が成功すればいいわけね。多数決なら勝てますから。

立岩　それをポピュリズムと言うかどうかです。言葉の定義によりますが、私はポピュリズムだとは思わない。むしろ、私のようなことを言うと、「それは大衆のルサンチマンだ」云々と返されてしまって終わりになってしまわないように、「そうではない」という言い方ができるしすべきだと思ってきて、ものを書いてもきました（『自由の平等』（岩波書店、二〇〇四年）、第三章「嫉妬という非難の暗さ」）。ほんとに貧乏な人の「セーフティ・ネット」はよいが、許容するが、それ以上を望むのはなにか間違っている、卑しいことであるといったことになってしまっているとすれば、その誤解を解くことが私たちのするべき仕事であろうと思います。

上野　政・財・官・メディアがガッチリと権力構造を固めていますから、多数だけではどうにもならない。多数者が誘導されて自分たちに不利な選択をしたことを、わたしたちは小泉郵政選挙で見ています。

立岩　そうですね。それは一つずつ見ていかなければいけないと思います。格別の利害のある人が私らのような主張に反対するのは、よいことではないにせよ、仕方のないことです。税金増やされることに反対する人は当然いるでしょう。それはそんなものだと言うしかない。ただここでも、「あなたは自分の損得でものを言っているだけよ」と、言えるなら言った方がよい。

それに関係してすることがあります。経済・社会の全体がわるくなるといった心配をする人たちがいます。介護なんかに金を使うとそうなるとか、今までもよく言われてきたことです。これにはまったく杞憂というか誤解の部分と、ある程度もっともな部分と両方があります。めんどくさいですが、そういう話につきあう必要があります。先ほど来あげてきた『良い死』でも書いてみました。それから本誌の連載の方では、高額所得者の税金を高くするとその人が働かなくなってよくないという説を紹介、検討しています（『現代思想』二〇〇八年一二月号・二〇〇九年一月号「労働インセンティヴ」１・２）。結論を言うと、その話はあまり真に受けない方がよいということになります。そういう仕事をしていこうと（前出『税を直す』第1部第3章「労働インセンティブ」第4章「流出」）。

ただ、たとえばマスメディアのある部分をみてると、問題はもっと手前にあるような気もします。財政の話といえば二通りの話しか出てこないわけです。一つは「無駄遣い」をどうやって減らすかとった話です。一つは、消費税率を上げて歳入を確保しようということです。それ以外は出てこない。まあ景気がここまで悪くなると、借金して振る舞うのも仕方ないといった話が加わったりはしますが。

けれども、少なくとも論理的には別の可能性があるわけですよ。そこへ頭が行かなくなってしまったのが、ここ二〜三〇年だと思うのです。そして、そのメディアの人たちが自分たちにとって得だと思ってその話をしているのかというと、私はそうも思わなくて、「とにかくそういうものだ」と前提がなってしまっているだけだという気がする。そういう意味では、メディアには、別の選択肢があるかもしれないことを言えば、聞いてもらえる可能性がないことはないと思っています。

他方、財界というのはお金がある人たちの世界ですから、反対する人はたくさんいるでしょ。ただ、「それは自分たちにとって損だからだ」とは言わないですよね。もうちょっと気の利いたことを言うわけですよ。だからそれに付き合う必要はある。

上野　派遣切りに関しては、企業は露骨に「自分たちがソンしたくないから」って言っていますよ。

立岩　そうですね。会社もたせなきゃというのは至上命題でしょうしね。しかし少なくとも税の話で言えば、「経済が不活性化する」とか、「労働インセンティブがなくなる」とか言うわけですが、それに対しては「眉唾だろう」と言える。「それはあなたたちにとっては損かもしれないけれども、他の人たちにとっては得だ。あなたたちはその主張ではみんなが損をすると言うけれども、最低でもそれだけは嘘だ」ということは言えると思うのです。それを本気に受けとる人がどれくらいいるかはわかりませんけれども、ただ、私はそれ以外に言い方はないだろうと思いますし、その中で変わるものは変わるだろうと思います。私として言えることは言いまし、別の言い方をする人もいたらよいと思います。

繰り返しますが、みんなが自分のためになることを同じ負担でやっていこうという、この間の流れというのは、そして、そうして実現して今あるものは、それがないよりあった方がよいものであったという意味でよいものであったでしょうが、アイディアの方向というものを狭めるようなものでもあった。社会化と言われる流れのなかのある部分が、自分たちの行く末を狭めてきた。これは逆説でも何でもなくて、そういうふうにつながってしまったのだと思います。そのことに注意深くあるということと、そうではないあり方を提示するということに尽きるのではないかと思っています。

上野　おっしゃる通りだと思います。蛇足を付け加えるならば、シナリオはもっと多様にあるのに、想像力が限定されている。そのシナリオを提示するために立岩さんたちとご一緒に、『ニーズ中心の福祉社会へ』を出したのです。立岩さんのおっしゃるようなことを、社会的公正という名のもとに唱えていくことは必要です。再分配の制度を考えると、貧困や差別を生み出すとその後のソーシャル・コストはずっと高くなるよと訴えることで、局所の合理性が全体としては不合理を生むということを、もうすこしちゃんと考えてもらうことは大事ですね。

立岩　両方が必要ですよね。「みんな得だと思ってけちったんだろうけど、結局は損するよ」という言い方は、かなり有効だと思います。そしてそれは多くの場合そのとおりです。それはそれできちんと言った方がよい。それと同時に、基本的なスタンスをどこに置くのかを言う。両者は背反はしないわけです。だから両方をきちんとやればよいということだと思います。

（初出：『現代思想』二〇〇九年二月号、青土社）

第4章

セクシュアリティをどう語るか

×宮地尚子（みやじ・なおこ）

1961年生まれ。精神科医、一橋大学教授。専門は文化精神医学、医療人類学。著書に『異文化を生きる』（星和書店こころのライブラリー）、『トラウマの医療人類学』、『環状島＝トラウマの地政学』（以上、みすず書房）、『傷を愛せるか』（大月書店）、『震災トラウマと復興ストレス』（岩波ブックレット）、『トラウマ』（岩波新書）。編著に『トラウマとジェンダー』（金剛出版）、『性的支配と歴史』（大月書店）など。

セクシュアリティ研究の現状

宮地　今回の対談は家族とセクシュアリティについて議論することになっていたのですが、家族そのものについては私よりも語ったり批判できる方が社会学にたくさんいらっしゃると思いますので、むしろ私は「学問とセクシュアリティ」とでも言いましょうか、セクシュアリティは学問のなかでいかに語り得る／語り得ないのか、ということを話しあいたいと思います。実際に私も大学のなかでこういったこと（一橋大学ＣＯＥでの『性的支配と歴史』のシンポジウムと本の出版）をやったり、学生がセクシュアリティをテーマに研究し始めていますが、いろいろな困難があります。これまでの経験から「どこで何を学ぶべきか」「大学は何をすべきか」といった私自身の関心もあります。

　今回の対談にあたって、上野さんのご著書をいろいろ読みなおしました。上野さんのされてきた功績のひとつに、「セクシュアリティについて語っていい」とか「語る価値がある」といったことがあると思います。それはつまり、知的なものとしてセクシュアリティを俎上に載せたということですが、やはり上野さんは、どこか俎上とは外れているかたちで、本やメディアのうえで、あえて大学外、学会外で議論を行ってきた。そしてマスメディアの力をうまく利用し、人を巻き込んできたと思います。上野さんがそうして耕してくださったから、セクシュアリティについてある程度学問的なものが書かれていくようになりました。とにかくそういった前提をつくってくださったように感じます。

上野　そういった評価をいただいてありがとうございます。まず第一に、セクシュアリティを語ることは研究者にとってはタブーでした。女にとってはことさらそうでしたし、男性にとっても好事家、というか「お好きなんですね」ということになっていました。第二に、女が語るための言語さえもなかった。セクシュアリティを語る用語は、どれも男目線のジェンダーまみれだったからです。第三に、女が語れば告白か体験記となり、ポルノグラフィとして男性に消費されてしまうようなものだったことです。だから、告白でも体験記でもなく、研究対象としてセクシュアリティを主題化したこと自体が確かに新しかったと言えます。

いま宮地さんから指摘されてあらためて思ったのは、セクシュアリティに関わるしごとの私自身の業績における位置づけです。わたしが東京大学に提出した業績目録——採用人事（採用のとき）と昇任人事（助教授から教授にあがるとき）の二回、提出していますが——からは、セクシュアリティ関係の業績は、すべて脱落しています。業績目録に載せていないんです。セクシュアリティ研究は学術論文のスタイルをとらなかったから、ということもありますが、業績リストから外すというのは、戦略的な判断からでした。下ネタ系の業績は出さない方がよいというアドバイスを同僚からいただいたので従いました。セクシュアリティに関わるしごとは、アカデミズムよりジャーナリズムを使うというメディアの使い分けをしてきたと言えるでしょうか。

わたしがメディアに露出したのは、処女出版の『セクシィ・ギャルの大研究』（光文社カッパブックス、一九八二年／岩波現代文庫、二〇〇九年）のときより、『女遊び』（学陽書房、一九八八年）を出した時でした。冒頭の文章が「おまんこがいっぱい」でしたから。装丁も本のつくりも用語も内容も、すべてアイスブレーキングだったと思います。『女遊び』は一〇万部以上出まして、週刊誌に「四文字学者」として書き立てられました。ずいぶん顰蹙も買いましたね。

『セクシィ・ギャルの大研究』が出たときは──男メディアは若い女の書き手を消費しますから、反応はほぼ予期できましたが──フェミ業界の年長のおネエさま方から「最近男に媚を売って出てきた若い女がいるそうね」と言われたとか。女がセクシュアリティを語ると、どのようなかたちであれポルノとして消費されてしまう。だからそれも自覚したうえでメディアを利用してきましたから、そこがあざといと言われれば確かにそうかもしれません。

宮地　セクシュアリティに関する研究を東大の業績から落としたことについては悔いはありませんか。

上野　ありませんね。研究者というのは、組織に対して自分の全貌を評価してくれというわけではない。組織にとって価値のある情報だけを提供すればいいのですから。だから、たとえば研究の傍ら小説を書いている人がいても、それは業績には載せないでしょう。社会学の業界には、見田宗介さんがいて、「真木悠介」という名前でも本を書いておられます。見田さんと真木さんが同一人物であることは誰でも知っていますが、「真木悠介」の名前で書いたものは、大学には業績として提出されていないと思います。

宮地　その戦略を今後は変えてもいいと思われますか。

上野　もちろん。アカデミズムの許容度も高くなってきましたから。現に『岩波講座　現代社会学』全26巻には『セクシュアリティの社会学』（岩波書店、一九九六年）の巻を編みました。アカデミズムだけがわたしの舞台ではありませんから。

宮地　セクシュアリティについてお書きになった文章は文体ももちろん違いますが、文体そのものよりもトピックがタブーだから業績から外したということが大きいわけですよね。

上野　両方ですね。トピックもありますが、媒体と文体が違うということがありましたから。学会誌に発表した論文には、セクシュアリティ関係の論文は一切ありません。もともとアカデミックなフィールドでは勝負しないという戦略をとってきたためです。でもこれから変わるか、と言われればおそらく変わるでしょう。たとえば青山薫さんの『「セックスワーカー」とは誰か』（大月書店、二〇〇七年）はきちんと学術論文の体裁をとり、学位の判定の対象となって登場してきています。でもセックスワークを扱うことがセクシュアリティを扱うことになるとは限りませんよね。移民労働者を扱う研究と同じですから。

とはいえ、セクシュアリティを扱うことが学術的分野のひとつになってはきました。主として歴史研究ですね。きっかけは、一九七六年フーコーの Histoire de la sexualité（『知への意志　性の歴史Ⅰ』渡辺守章訳、新潮社、一九八六年）が刊行され、各国語に翻訳されて日本には八〇年代に出ましたが、これが画期的でした。この時から、セクシュアリティがアカデミックな探求の対象になるという常識をつくりました。英文の国際ジャーナル（Journal of History of Sexuality）ができたり、ゲイ／レズビアン・スタディーズが発展したり。もちろんフーコーが孤立して登場したわけではなく、以前から社会史系の研究者が家族史、身体史のなかで性の歴史を蓄積してきたので、絨毯が敷かれてきた感じはあります。

宮地　たとえば私の学生がセクシュアリティをテーマにしていて、修論で放送禁止用語がたくさんでてきてしまう。そういう学生の修論の審査を他の先生方が気まずそうにしていました。まだ人数が少ないからなんとかできますが、今後はそういう学生も増えてくるように思うのですが……。

上野　東大でいえばセクシュアリティを主題に最初に学位をとったのは赤川学さんの『セクシュアリティの歴史社会学』（勁草書房、一九九九年）です。言説分析という方法ですから、歴史用語を扱うので、禁止用語が満載です。自慰、自涜、マスターベーション、オナニー……。歴史研究で売春の研究をしている人の論文には、売女、淫売など、はしたなくて普通の良家の子女が口にしないような言葉がバンバン出てきます。歴史用語だという距離があるから引用で使われますが、当時も今も、とんでもない差別用語ですよね。ですから、いま宮地さんの同僚たちがドキッとしたりするのは、現代に流通している言葉だからではないですか。

宮地　現在流通している言葉だったことと、もっと性行為を直接指すような生々しい言葉だったということですね。それでそういった言葉が出ると困難を感じる方がすごく多くて……。

上野　それを言うなら、セクシュアリティ研究で一番生々しいのは民俗学ですね。ただし、ご存知のように柳田民俗学は天皇と下半身とやくざを研究対象から排除したと言われています。柳田が避けた下半身を民俗学の探究の対象にしたのが、赤松啓介さんのおめこ／ちんぽの世界です。「性の民俗学」では、おめこ／ちんぽの三文字は避けて通れない。性に関する民俗語彙集なんていうのもありますが、その時代・その社会で育った人たちには生々しくて、使えないでしょう。自分で言っていま思いましたが、オマンコは平気で言えてもベッチョは言えない。ベッチョは北陸のほうの民俗語彙だからです。

宮地　私はたぶん逆です。

上野　セクシュアリティに関わる語彙は身体とローカリティに結びついているのですね。言語がどのような価値とともにインプットされたか。だいたい性に目覚める頃から思春期にかけて、同年齢集団のなかで言葉をインプットされるのですが、わたしはその回路が断たれていた特殊な育ち方をしたので、おめこもオマンコもベッチョも後から入ってきて、ヴァギナ、ヴァジャイナと変わらない（笑）。

宮地　個人差が大きいですよね。それと時代・世代差。

上野　ありますね。時代・世代・ローカリティに密着した言語がいかに身体性とともに獲得されるかということと結びついている。ありとあらゆる言語がそうですが、特にそのなかで性に関わる言語は身体性と直接に結びついていますから。

宮地　だから、私は全然びくともしないような言葉で他の先生は真っ赤になる（笑）。

上野　単なる習慣性の問題というか、慣れたら別になんてことはないのですけれどね。医者や看護婦なんて、相当えげつないことを平気で医学用語で言います。専門用語で置き換えできるからでしょう。

宮地　私は医者なので、言っても、知っていても、それが自分の属性とは思われないけれど、学生はそうではないので、そうするとその子が「よく知ってるね」みたいな感じになってしまう。先生達に慣れてもらうしかないのですが。

上野　その際やはりジェンダー規範というか、性について無知なほうがより女らしく、ヤリマンは女として価値が下がるという規範があるんでしょう。わたしが若い頃セクシュアリティについて書いたときも、反応は「好きなんですね」というものでした。そのときに「いえいえ、わたしは研究の対象として……」なんてダサい弁解は一切しませんでした。ニッコリ笑って、「ええ、好きなんです」と(笑)。そう返せるかどうか、そういう戦略をとれるかどうかということも、業界で生き延びていくためには関係してくる。ただ、「好きなんです」とニッコリ言うためには、結婚なんかしていたら終わりですよ。たった一人の人としかヤレないいんじゃしょうがない。申し訳ないけれど、わたしは日本のジェンダー研究者の中でセクシュアリティ研究があまり発展しなかった理由のひとつは、婚姻率が高すぎたせいだと思っています。

宮地　高いですか？　低いような気がしていましたが。

上野　欧米に比べると高いですよ。もちろん日本の平均値に比べれば女性研究者の婚姻率は相対的に低いですが。研究者の中でレズビアンの割合も相対的に低いです。カムアウトしていないだけ、ということもありますが。

性規範の逆転が起きたのでしょうね。昔は結婚していることがセックスのライセンスがあるということであり、結婚していないことはセックスから疎外されて制度の外部にあることだったのが、性革命以降逆転したので、結婚していることは自らの性をたとえタテマエであれ、一夫一婦制という専属契約の下で封印することと同じになり、結婚していないことは契約から自由な性を実践できることになりましたから。

宮地 そういえば離婚した友人がいて、「私は恋愛する権利を回復しました」みたいなことを言っていました（笑）。

上野 結婚は恋愛する権利を失うことと引き換えですからね。

宮地 そう思っている人が多いですよね。

上野 リブやフェミニズムにとって、セクシュアリティの問題は核心の一つだったと思います。過去のいわゆる男女同権運動、つまり法的・政治的・経済的権利には決して還元できないものですから。リブの誕生が性解放と時期的に一致したということもあるけれど、セクシュアリティの主題化こそが第二波フェミニズムの核心的な功績の一つだと思っているのですが、それが日本では思ったほどは深化しなかったということはありますね。むしろアカデミズムの外での方が動きがありました。

宮地 これから深化するというか、まだ耕している時期なのかなという感じがしますが。

上野 そうなるかどうかは担い手が続々と登場するかどうかによります。

宮地 そういう意味で学生がハラスメントにあったりせず、バッシングで壊れてしまったりせずに、どこかの職が得られるという方向に持って行きたいとは思っているのですが。

上野 はっきり言って無理でしょうね。ジェンダーを主題として採用しただけで、研究者は各々のディシプリンの中で周辺化されます。セクシュアリティになると周辺化の度合いはもっと大きくなります。セクシュアリティを主題化した研究論文で学位をとった東大の第一号は赤川さんなのですが、赤川さんが就職浪人を経験しないで某国立大学に採用されたとき、「やった！　これでセクシュアリティ研究で博士になって就職もできることが証明されたっ」と思ったけれど、裏を聞いたらそうではないことがわかりました。赤川さんの先生である盛山和夫さんは、赤川さんが若いときから、「キミ、そんな危ないことをやるのだったら、ちゃんと売れる技術は身につけておきなさい」と指導されて、階層研究の統計学的な手法を仕込まれたということです。ですから助手として採られたのは統計的な調査法の担当者としてだったそうです。

宮地　そうなると私もそうやって学生に指導しなくちゃいけないということですかね？

上野　今でもそうだと思います。たとえば川畑智子さんは、江原由美子さん編の『フェミニズム論争　性の商品化』（勁草書房、一九九五年）というフェミニズム論争の論文集で「娼婦ラベルをめぐって」というよい論文を書かれていますが、彼女には常勤職がありません。ふつうはまず「そんな狭いテーマをとりあげて」と言われます。ほんとはそうではないのですけれどね。セクマイことセクシュアル・マイノリティの研究だと、ますます特殊な人たちを扱っていると思われて、まず採用されないでしょうね。セクシュアリティ研究の業界はそんなに大きくないですし。

宮地　これを読んだら学生がショックを受けますね。どうしましょう。でも澁谷知美さんなどはかなりセクシュアリティを表に出して研究されているようですが。

上野　メディアをうまく使った特殊ケースですね。童貞研究のように、異性愛男性のセクシュアリティならテーマとして普遍性がありますし、彼女にはエンタメ性があります。それに歴史研究でありかつ言説分析だから、やりやすいといえばやりやすいですね。

セクシュアリティ研究の担い手たち

宮地　大学の内か外かは措いておいて、上野さんのご本を読み直してもう一つ思ったことは、こんなに元気だったのかということです（笑）。

上野　どういう意味でですか？

宮地　言いたい放題言えた時期だったのだなと。九〇年後半以降、ジェンダー・バッシングによって言いたい放題を自己規制せざるをえない感じがするものですから。例えば『男流文学論』（筑摩書房、一九九二年／ちくま文庫、一九九七年）など凄く面白かったし、私もこれくらい言いたい放題言いたいと思うのですが、言ったらちょっと大変なことになりそうだと思いました。

上野　事実認識からお話ししますが、確かにお読みになれば言いたい放題に見えると思います。だけど実はわたしたちは、相当周到な準備と配慮をしています。事実、予想通り、あるいは予想以上のバッシングに遭っています。『男流文学論』は、「文学がわかっていない」とか「しろうとの井戸端会議」と言われました。歯牙にもかけず、黙殺するかと言えば、わざわざ酷評する程度には気に障ったのだと思いますが（笑）。まずまっ先に予測したのが、文学畑の中で生きている富岡さんが最もダメージを受けるだろうということでした。そしてわたしと小倉さんは門外漢として黙殺されるだろうと。わたしたちは黙殺によっては被害を受けないが、富岡さんはダメージが大きいだろうということが予測できたので、富岡さんを守るために参加しました。だから言いたい放題言っているように見えても、安直な鼎談形式をとっているように見せていながらも、どこから突かれても大丈夫なように、ものすごく周到な準備をしました。対象にした作品に関して刊行当時出た書評のほとんど全てを網羅しています。担当の編集者――現在明治大学准教授の藤本由香里さんです――の努力はたいへんなものでした。

宮地　そのあたりのことはどこかに書かれていましたし、「言いたい放題」が本当に何も前提なしの言いたい放題ではないということはわかっているのですが、ただ時代の雰囲気というか、マスメディアも含めて、八〇年代の女性をめぐる雰囲気について、そういうものがあったように思うんです。そのあとに自粛的な雰囲気が出てきたように感じます。

上野　思い出話をさせていただければ、編集者が周到な準備をして資料をほとんど全部揃えてくれて、それを丁寧に読みわたしが引用して、富岡さんが作家の立場から介入し、そこに小倉さんが茶々を入れた。あとで出たある文芸評論家の書評の中に、「大学院生と学部生と幼稚園児の鼎談である」とありました。富岡さんは日本文学の大学院生、上野が学部生で、小倉さんは幼稚園児だと。「大学生はよく勉強しているが、ただそれだけだ」と。何様だろう、と思いましたが（笑）。

宮地　幼稚園児っていうけど、小倉さんの「花江」役、いい味出してますけどね。漫才のボケ役として。さすが関西人です。まあ、それはおいておいて、そこまでのバッシングは想定済みではあった。いくら準備してもそういうバッシングは出てくるだろうと。

上野　好き放題言うためには相当の覚悟がいった時代です。『女遊び』もやはりそうでした。あえて池に石を投げる行為でしたから、顰蹙覚悟でやりました。そしてその通りの反応が来ました。

ただそれをメディアがおもしろがって消費する姿勢がまだあったといえばその通りだと思います。なぜかというと、『女遊び』のせいでわたしは週刊誌の露出が急激に増えましたから。それで「四文字学者」「オマンコ学者」と呼ばれ、黒木香さんと対談し、「学界の黒木香」という称号をいただきました。決して名誉な称号ではないですよ。「学界のAV女優」という意味ですから。

そのくらいリスク込みの試みだったということは忘れてほしくないですね。いっぺんそういう試みをして突破しておけば、後から続く人は楽になります。

宮地 そうやって騒がれることに、傷ついておられたわけですね。上野さんだって、普通の人間ですから。今では、鉄人上野のように思われてますが（笑）。それでも続けられたのは、なぜですか？

何が支えになったのですか、怒り、それとも仲間？

上野 いいえ。どれも想定内の反応でしたから。オヤジをおちょくるのがおもしろくてしかたがない。という四歳児のようなふるまいですね（笑）。オマンコ！　と言いさえすればとびつくのですから。でも、根っこにあったのは、もちろん、オヤジ社会へのこのヤロー、という怒りです。

前から飛んでくる石には傷つきませんが、背中から飛んできた石には傷つきましたね。

その後「自粛が始まった」というのは、いつ頃から何が始まったことを指しているのですか。

宮地 慰安婦問題が大きく取り上げられた、その揺り返しが強かった。特に性教育に対して、養護学校への攻撃とか、そういうのを見てとても怖くなった女性たちがいたように思います。日本では養護教諭のように現場で若者の性に接する人たちがセクシュアリティに関する機関誌を出してきた経緯があります。ジェンダーフリー・バッシングもひどかった。それまで上野さんにとても勇気づけられて、「上野さんがこんなこと言ってるのだから、私たちもこういうことを言えるかな」という気持ちを、そこからかなり抑えられた。バブル前後などとは違って、勢いがないですよね。そういう意味では、こういう面白いものが出るのが少なくなっているのではないかという印象です。

上野　わたしは別の見方をしています。確かに「慰安婦」に対するバックラッシュの影響は強かったです。それで委縮したということはあります。それは事実なのだけれど、セクシュアリティに関する関心が沈静したかというと、そんなことはありません。むしろ例えば少女漫画ややおいなどをめぐって、歴史研究ではなく現在進行形の女性のセクシュアリティに関する関心と影響は高まって、それについて語りたいという人たちがたくさん出てきました。ただし、わたしはその人たちをアカデミアがうまく育てることができたかというと、そうなっていないという気がします。結果としてそういう才能はどこで育ったかというと、フリーライターと言われる女の人たちのあいだです。具体的に言うと、セクシュアリティ研究で今一番生き生きしていておもしろいのは、北原みのりさんだと思います。彼女は「研究」と言われたら心外でしょうが、『アンアンのセックスできれいになれた？』（朝日新聞出版、二〇一一年）という本などは、近過去の日本のセクシュアリティの歴史研究であり、アンアンを事例にしたメディア研究であり、りっぱなものですよ。そういう人材をアカデミアは育てることができませんでしたね。

宮地　私もそう思います。育てるどころか追放してしまう。

上野　あと、亡くなられたけど島村麻里さんとか。アジアにおける日本文化の越境消費や、アジア観光を、ジェンダーやセクシュアリティという切り口であざやかに論じていました。湯山玲子さんもタブー破りでおもしろいですね。そういう女の人たちは次々と出てくるのですが、その人たちはフリーライターでいわば独学した人たちです。アカデミアはこういう人たちの育成には成功していないと思います。

宮地　亡くなられた方としては、井田真木子さんも『十四歳』（講談社、一九九八年）などよい仕事をされていたので残念です。菜摘ひかるさんも。若死には偶然じゃないと思う。あと、外で育っていること自体はよいのですが、それを中に繋げる人がいない。レヴェルは高いですよね、北原さんの書いているものは。

上野　高いです。あなたもおっしゃったように、セクシュアリティというのはその情報自体が身体化している度合いが高いので、「私」を抜きに語れないんですよね。たとえ歴史研究であっても、好悪の感情や倫理的な判断が全くゼロにはならない。どんなにそれを抑制しようとしても漏れて出てしまう。ある程度の自己開示がどうしても必要になってしまう。スタイルと内容に「私」が出てしまう。セクシュアリティに限らずここ二〇年ばかりのジェンダー研究が制度化された後に、大学の中で人材育成について成功したかどうかについては、あまり芳しい状態だとは思えません。むしろアカデミアの外で女性学に影響を受けながら独学をした人たちの方が、仕事の質として高いことをやっているような気がします。北原さんなんて「私」全開ですからね。

たとえば少女漫画研究の金字塔というと、藤本由香里さんの研究ですが、彼女もアカデミアが育てた人材ではありませんね。好きだからやってきたという人たちが、独学で作り上げた研究です。

宮地　彼女は今は大学の所属ですよね。

上野　外で育った人材を大学が後で採用しているのですね。大学が育成した人材ではない。もちろん学問のイノベーションとは、外部をとりこんで進むものだと言ってしまえばそうなのですが。

自粛は確かにありました。バックラッシュが始まってから、ジェンダーの主題化に対する抑制のみならず、セクシュアリティの主題化に対する抑制もすごくあって、セクマイ（セクシュアル・マイノリティの略語。性的少数者）の人たちをいろいろなイベントに呼ぶことがグンと減りました。北原さんも一時期自治体のイベントなどに呼ばれていたのだけれど、アダルトグッズ・ショップのオーナーであるというだけで、教育委員会系のイベントからは外されたそうです。

フェミニズムの貢献

宮地　日本の社会全体としては性教育がバッシングされながら、同時にＡＶやポルノグラフィックなものがどんどん過激化していくし、ごく簡単に手に入るようになっている。そういう意味では怖い事態だなと思います。

上野　性の商品化は本当に怒涛のごとく進んでいますね。男性向けのマーケットのみならず女性向けのマーケットも成立している。しかしセクシュアリティ研究を自粛したとはいえ、その期間に長足の進歩があったのは、セクシュアリティの女性にとってネガティブな面の理論化に関してです。八九年にセクハラが流行語大賞になって、九一年に「慰安婦」訴訟が起き、戦時下における性暴力が問題化されて、その後それらをすべて含めて「女性が望まない性的行為の強要」、すなわち性暴力という一般化された概念が登場してきました。セクシュアリティにまつわる女性にとっての暗黒面——それは男性にとって一番触れられたくなかった面ですが——これについての理論化には長足の進歩があったと思います。それは八〇年代以降の三〇年間のあいだに蓄積された、たゆまぬフェミニズムの貢献の一つで、そこに宮地さんは大きな貢献をされたと思いますよ。

性暴力の主題化については、三つの側面が同時に進行しました。一つは運動です。セクハラもDVもすべてアクション・リサーチと言われるもの、つまり事実があるかないかさえわからないところにまずカテゴリーや概念を持ち込んで、「状況の定義」をしたうえで、実態を明らかにするというアクション・リサーチの手法が運動の中から生まれました。二つめは、臨床を支える専門家たちが登場してきたことです。特に精神科医よりもフェミニスト・カウンセラーの人たちがセクハラやDVのサバイバーに対して個別の臨床的アプローチを行いました。どんな研究でも、データの蓄積がないところでは何も言えません。臨床データの蓄積がまずあったことが重要です。そしてそれが裁判闘争にどんどん活かされました。今でも思い出すのが秋田セクハラ裁判です。午前中にセクハラの被害を受けた被害者がランチタイムに昼飯を食べたというだけで、裁判官は「何でもなかった」と判定をしたのですね。ふつうにメシを食えるんだから大丈夫だろうと。そこに河野貴代美さんのような人が意見書を出しました。意見書では、PTSD概念を使って、「あまりに出来事が受け入れられず耐えられないときには、解離現象を起こしてルーティンを何事もなかったかのように繰り返す傾向が被害者にはある」という知見を示したのですね。それが裁判官の認識を変えていった。そういう細かい貢献が大事なんです。一方で臨床があり、もう一方で運動があり、裁判闘争がちょうどその接点になります。三つめに、同時にそれに対する理論的な研究が着実に積み上げられていった。そしてちょうどアメリカでジュディス・ハーマンの著作が生まれたように、日本でも宮地さんなどの研究書が出てきました。そういう三つの流れが同時に進行したというのは、この数十年間のフェミニズムの大きな成果だと思います。

宮地　現状はあまりにもまだまだなので、私はそういうふうにポジティブに捉えられないのですが、それ以前のことを考えると確かにそうですね。

上野　二〇年前には、性暴力に対してクレーム申し立てさえできなかったくらいですから。わたしたちは「状況の再定義」という言葉を使ってきましたが、状況の再定義は過去の再定義をも可能にします。そうすると、セクハラやＤＶの経験者たちが「あのときスルーしたあれは、あのときムカついたけど言い返せなかったあれは、実はセクハラだったんだ」となる。例えば「痴漢は犯罪です」となったのは大きな変化です。わずか二〇年くらいのことですからね。

宮地　それは私も同時代的に経験しているので、確かに違っているなと思います。けれど、最近の判決であまりにひどいのがいくつかあるのです。例えば、最高裁でも強姦ではなかったというような判決が出たものもあるし、京都教育大学の民事例もある。神戸でもインセストの事例で、上半身裸で二人で写っている写真があったから合意があったのだ、というようなとんでもない判決がありました。そういうのを聞くと、本当に落ち込んで、無力感にかられます。かられてはいけないのですが。がっくりきて、関わっている意味があるのだろうかと思ってしまうことがあります。

上野　勝率でいえば、八勝二敗くらいでいいじゃないですか。

宮地　そこまでも行っていないと思いますけれども（笑）。

上野　行っていないですか。しかし裁判闘争に持ちこめたというだけで大きな変化です。性的虐待はかつてであれば性的虐待とさえ呼ばれず、訴訟の対象にもならなかったですから。

宮地　そう言われればそうなのですが、臨床家として見れば、裁判そのもので傷つく人も非常に多いのです。被害を受けたことで、加害者に対してだけではなく、それをOKとしてしまう社会への怒りが強くなり、それが被害者を裁判へと向かわせるわけですよね。ですからそこで負けることに対しては、「日本で法を担う人たちはまだその程度の理解なんだよ」とはとても言えない、そこまで割り切れないわけです。

上野　宮地さんのお気持ちはわかります。期待する水準に比べて現状がひどいことは事実です。しかしその裁判官を二〇年前と比べたらどうなのかと考えてみたらどうでしょうか。二〇年前であれば、必死に抵抗したかとか、過去の性経験がどうだったかといったことで判断された。セクハラをめぐるPTSDの認識にしても、男性裁判官を含めて二〇年間で相当変わったと思いますが。

宮地　どちらを見ているのかによりますが、私はむしろ保守化している印象を受けるのです。沢山の裁判例や和解示談例を見て、誰かがしっかりと数や傾向を調べてくれるとよいなと思います。そういう意味でも学術研究調査は大事です。私が見ているのはマイナスのケースだけかもしれません。

上野　裁判を維持できる可能性がなければ弁護士も訴訟まで持っていきませんから、勝訴した事例自体が割合と闘いやすいケースだということを割り引く必要があります。しかしセクハラ裁判に関しては——ごく最近は知りませんが——少なくとも九〇年代半ばまでは勝訴率も賠償額も上昇の傾向がありました。

宮地　ある程度まではそうだったと思うのですよ。しかしそれが今も続いているのかがわからないのが一つ。それから裁判の中でＰＴＳＤなどを使うことで、過剰診断もあれば過小診断もあるし、医療そのものが法のために使われることの功罪もあるというのがもう一つです。

上野　それは昔からではないですか。法医学なんてそういうものでしょう。医者はそういう権力を持っているのですから。

宮地　それが医者同士の争いになり、特に子どもの頃のよみがえった記憶が本当かどうかという「虚偽記憶」論争といったかたちの凄く嫌な動きになってしまう。愚痴を言ってもしょうがないのですが。

上野　そういう争いを避けられると思わないでください。人文社会系の学問というのは、社会的な構築から自由ではないということがわかっていますから、事実認識をめぐってさえ論争は避けられません。今のお話を聞くと、医学があたかも客観的な学問であるかのように宮地さんが信じておられるように聞こえてしまいますが、どんな学問も政治的だと思えばそんなものでしょう。

宮地　そうですけどね。

上野　医学なんてものすごく政治的でしょう。

宮地　そうですね。それにしてももしかし法学はあまりに保守性が強いと感じています。レイプ被害者は抵抗できないことが多いといった知見がいったん入りかけたのに、また逆戻りしつつあるような状況は、非常に残念です。私は、セクシュアリティ研究を、アカデミズムの中に入れることにこだわっているのです。日本で被害者の心理を無視した、ひどい判決を減らすためにも重要だし、人身取引や、戦争犯罪、紛争と和解、HIV／AIDSといったグローバルな問題に取り組む上でも、不可欠です。そのこともあって、最初にふれた、『性的支配と歴史』（大月書店、二〇〇八年）をまとめたのですけどね。あと、日本の少子化問題などについても。

そういう意味で、上野さんが学術的業績からセクシュアリティ関連のものを外さなければならなかったのは、残念です。時代的にしかたがないとはいえ。

上野　宮地さんの『性的支配と歴史』を読んで驚きました。わたしはあなたが大学の教師になられたと聞いて、あなたのような優れた臨床家が大学教師をおやりになるのはほとんど人材の無駄遣いではないかと実はひそかに思っていました。しかしこれを見て、大きな組織のなかで会議を主催するというお役があなたに振られたことで、あなたがこういう分野を手がけられたということは、組織への貢献のみならず学問上にも大きな貢献だと思いました。

宮地　ありがとうございます。大学のCOEプロジェクトでシンポジウムをまかされたので性暴力や性的支配関係の問題をとりあげ、最終的に書籍化しました。

上野　法曹界にも女が増えてきています。医学界もそうです。九〇年代における女性の高学歴化のデータを見ていたのですが、教養系から実学志向へと移って、法学部と医学部の女子学生比率が急速に上がっているのです。今では三割くらいに達しています。その結果、医師国家試験と司法試験の合格者の女性比率も三割台に到達しています。そうやって女性が増えていけば、法曹界も否応なく変わっていくでしょう。

宮地　そうですね。男女限らずセクシュアリティにリテラシーをもった専門家が増えてほしいです。

上野　そういうセクシュアリティの暗部についての研究の蓄積は、とても大きな貢献だったと思いますし、「慰安婦」問題をめぐるバッシングにもかかわらず、地道な調査と臨床と研究がありました。しかし逆に言えば——宮地さんも書かれていましたが——セクシュアリティの中にあるポジティブな面、解放的でかつ快楽的な面については、思うほど研究は進まなかったのではないでしょうか。にもかかわらず、女の子たちの性経験は急速に低年齢化しつつ拡大しました。そうやって性行動は活発になり一〇代の妊娠率も高まっていますが、それがジェンダー平等に全くつながらないという現実もあります。

宮地　そうですよね。私も臨床をやっていて感じるのですが、外からは性的に非常に活発に見えて、昔だったら「ふしだら」と言われるような女の子たちが、非常に無知で性についての基本的な情報を知らないことが多いのです。それからAVの影響が大きくて、自分は不感症ではないかと思っている女性が山のようにいる。それは単純に相手がへたなだけか、自分がどうしたら感じるかわかっていなかったり、わかっていても相手にちゃんと言えないだけなのですが、そういうところではとても純情だったりします。そのあたりは現在、すごく大きな問題だと感じています。上野さんのジェンダーコロキアムで、熊谷晋一郎さんと綾屋紗月さんがこられたとき、セクシュアリティについても発言されましたよね。あのとき、二人とも、AVを見て、自分にはできない、自分はこんなのをよろこべない、と思ったと、言われてましたよね。自分の方が、だめだ、とかおかしいと思ってしまって、ＡＶの方がおかしいとは思わないんです。あんな激しいの、べつに身体に障害がなくても、できないし、喜べないと思うんだけど。ただ大きく、激しく、強いだけの刺激なんて、マヒしちゃうだけですよね。それが一般化してしまっている。ＡＶは演技だと頭では知っていても、ＡＶを参照枠組みにして、自分を評価してしまう。それが一般化してしまっている。あのお二人のように知的レベルが高くて、他の情報源を持っている人たちでさえもそうなんだあ、とけっこうショックでした。

ヘテロセクシュアルのセックスの場合、異性の性的感覚は、実感としてはわからない。なのに、男性のマスターベーションを助けるための道具として作られたＡＶが、実際にカップルが性行為をするためのロールモデルになっていく。商品として売れるように、内容がエスカレートし、凝縮されているにも関わらず。男性は男優並みのことをしなきゃいけないと思い、女性は女優並みに感じなきゃいけないと思ってる。早く終えたくて、女性がイクふりをする。それでまた誤ったフィードバックが男性になされる。悪循環です。参照枠組みがそのままだと、そりゃあ、セックスレスになっていくと思いますね。

上野　処女神話は若者の間では解体していますか。

宮地　私に言われてもわかりませんが……。

上野　臨床における経験則ではどうでしょう。結婚までは処女で、と思っている若い女性がまだいるでしょうか。

宮地　それはあまりないのではないでしょうか。ただ臨床から語るとなると、臨床というのは場所とかクリニックによって客層が全く違ってくるのです。私が診ている人たちが一般的だとはとても言えないのです。

上野　宮地さんのところへ来る女性たちは、高学歴ですか。

宮地　いえ、今は依存症系のところにいます。だからむしろ学歴的には低い子だったり、売りをやっていたり、ドラッグもあります。しかしそれは置いておくにせよ、処女神話はないのではないでしょうか。

上野　処女神話は解体して、セックスのハードルは低くなっているのに、ジェンダー関係が変わっているように見えないですね。以前なら「からだを許す／許さない」で男と取引していたのが、それができなくなって、かえって安直に男にセックスで奉仕するようになった。北原さんの本を読むと、「そしてみんな風俗嬢になった」と感じます。フェラや顔射の知識は持っているのに、避妊すら相手に言い出せない。なんなんでしょうね。

セクシュアリティを言語化する

宮地　これだけ性に関する情報が氾濫して、誰もがいっぱいやっているのに、言葉にするのはみんな苦手なのだということはつくづく感じています。

上野　確かにそうですね。

宮地　私などはカウンセリングをしますから、ＤＶにしろ性暴力にしろ、そういった話は出てきやすいし、私には言いやすいだろうという気はするのですが、それでも口にするのを躊躇する人は多い。ですから一般の男性の精神科医やカウンセラーにありのまま話す女性はほとんどいないでしょうね。加えて、話し相手が女性だからといってわかってもらえるわけではない。期待をしていって逆にショックを受けることも往々にしてあるようです。ですからプロフェッショナルの側の訓練がまったくできていない。臨床の積み重ねや理論化の進歩について上野さんは評価されました。しかし、例えば日本トラウマティックストレス学会は小西聖子さんが中心にいらっしゃるので、女性理事を多くするといった方針もありますし、性暴力の問題も中心テーマの一つとしてあげることが当然という雰囲気があるのですが、それは日本精神神経学会などには広がっていません。だから一般の精神科医がそういったことについて学ぶ機会はまだまだ少ない。というかほとんどありません。

上野　端的に関心がないからでしょう。今でも覚えているのですが、斎藤学さんが『封印された叫び』(講談社、一九九九年)のなかに、正直に書かれていた患者とのやりとりがあります。摂食障害と子ども時代の性的虐待とに高い相関があるらしいことに気がついて、その話を患者に振ったところ、「先生、私はそれを二〇年前にお話ししました。しかし先生は反応しなかったので話すのを止めました」と言われたそうです。聞き手に聞く耳がないことを、語り手は語りません。それがタブー視されたことであればなおさらです。子どもの性被害は男の精神科医の関心の範囲にないか、聞いても否認したい何ものかなのでしょう。フロイト自身がそうでしたからね。男にとって一番イヤなアキレス腱だということでしょうね。

宮地　関心がないというより避けて通りたいということですね。意識的にも無意識的にも。ただやはりジュディス・ハーマンの影響はあるように思います。

上野　ハーマンは男性の精神科医のあいだで、どれくらい読まれていますか。

宮地　それは多くはないかもしれませんが、関心のある人は読み出しています。知識を得ると実際にそういう患者さんに出会う率は高くなってきます。

上野　戦争神経症について書いたのはアラン・ヤングでしたね。性暴力によるPTSDは、ベトナム戦争以降に戦争神経症が注目されたことに「便乗」して表舞台に出てきました。戦争神経症が浮上しなければ、単体では取り上げられなかったと思います。日本でハーマンが注目を浴びたのは阪神淡路大震災後の災害PTSDのおかげですね。他のPTSDが主題化されて初めて、性暴力PTSDがそれに「便乗」して登場します。アメリカにおける性差別禁止が、公民権運動の人種差別の禁止に便乗して出てきたのと同じような現象があるということでしょう。それだけでは誰一人として、特に男は、進んで問題にはしないでしょう。

宮地　戦争神経症はカーディナーではないでしょうか。上野さんの挙げておられるのは、アラン・ヤングの『PTSDの医療人類学』（みすず書房、二〇〇一年）でしょうか。ヤングの本はおもしろい本ではありますが、フェミニズムは苦手なんでしょうね。あとセクシュアリティについては語れないタイプの学者さんです。

上野　セクシュアリティはなぜ言葉にしにくいのか。その要因は幾つかあると思います。まずタブーがあるということ。永田えり子さんによれば、「性の非公開原則」ですね。たかだか近代的な公準だと思いますが。口にするときに、自ら抵抗感を感じてしまう。それから二つめには、語る言語がないということです。わたしがそれを強く感じたのは、『からだ・私たち自身』（松香堂ウィメンズブックストア、一九八八年）の翻訳プロジェクトをやったときです。Boston Women's Health Book Collective による“Our Bodies, Our Selves”というタイトルの非常に分厚い本を全訳しました。その時に性器を日本語に置き換えようとすると、「陰部」とか「陰毛」とか言わなければいけなかった。だからわざわざ「性毛」という訳語をつくりました。あの当時メディアには「テトラちゃん」とか、色々な呼び方がありましたが、逆に言うと、新しい用語を発明しなければならないほど、性についての言語がなかったわけです。たとえば「オマンコする」というのは、女性器にサ変活用動詞がついただけの用語で、性の主体が男だということがあらかじめ前提されています。そのように男目線でしか性の用語ができていないことを非常に強く感じたのです。女性が性経験を語ろうとすると、その言語が、すでに強いジェンダー・バイアスを持っていたせいで、語る言語がなかったのです。

宮地 それが変わって、言語が作られてきたという認識ですか。

上野 そうです。語る言語がなかったことに関して言えば、セクシュアリティ研究にとっての大きな転機は、七〇年代の『ハイト・レポート』（ダイジェスト版『オーガズム・パワー』詳伝社黄金文庫、二〇〇〇年）だったと思います。アメリカにはハイト・レポートがあり、日本にはそれをモデルにした『モア・レポート』（集英社、一九八五年）があります。ハイト・レポートがそれまでのセックス調査の中で画期的だったのは、キンゼイ・レポートのようなセックス調査が「科学的」という名における統計調査だったのに対し、初めて質的調査をやったことです。「あなたの経験を自分の言葉で語ってください」という、自由回答の形式が採られました。そこでおびただしい数の女性の性的経験の言語化が行なわれたわけです。あの当時むさぼるように読んだのは女のマスターベーションの経験で、これは実に勉強になりました。一通り試してみましたからね（笑）。こういう発言を以前の学者は言わなかったし、言えなかったのです。

宮地　戦争神経症と性暴力のPTSDとの関係に話を戻しますが、確かに性暴力のトラウマは戦争神経症に便乗して日の目をあびたのですが、それはあくまでも現象ですよね。便乗するまでにどれだけの底力がついていたのかという問題があると思うのです。アメリカの場合、レイプトラウマシンドロームとしてすでにある程度、学術的に概念化されていた。便乗したのはタイミングがたまたまあったという話で、そういうチャンスが日本にあったからといって便乗できたかというと、そこまでの力はついていないのではないかという気がします。

上野　その時には、データの蓄積が底力になります。ハーマンのような人たちの臨床データの積み上げが非常に大きいですね。

宮地　そうですね。ただ臨床データに関しては、これはいいことでもあるのですが、プライバシーの問題が厳しくなっています。昔であれば事例研究が山のように学会誌にも載っていましたが、それが載せにくくなった。少なくとも私は載せないことにしています。本人の合意があったとしても、本当に一人か二人の、後でも大丈夫だろうと思う人だけです。その時はOKを出しても、後になって嫌だという人は多いですからね。それもあって非常に慎重になっています。今はほとんど、人をまぜこぜにしながら書くか、事例なしで抽象化して書くことがほとんどですね。ただ、それで状況の切迫感とか、症状の必然性が理解してもらえるのか、非常に不安です。ですからこれから臨床の積み重ねをどのようにして伝達可能にしていくのかは、大きな課題だと思っています。

上野　日本の場合にはどうなのでしょうか。臨床以前にアクション・リサーチが先行したのではないですか。

宮地　日本の場合はそうでしょうね。しかし両者はまったく視点を異にします。

上野　フェミニスト・カウンセラーが扱ってきた事例の積み重ねも大きいですよね。むしろ相談業務が女性センターの中で制度化されてから、守秘義務問題が生じて縛りが大きくなった気がします。

宮地　それはそうだと思います。

上野　河野さんや信田さよ子さんのようなカウンセリング関係の人たちが事例を紹介していますね。匿名化したり加工したりしているようですが。

宮地　その一方で、当事者研究が脚光を浴びてきましたね。

上野　性暴力についても当事者が発言しています。

宮地　小林美佳さんのような方がいますね。『性犯罪被害に遭うということ』（朝日新聞出版、二〇〇八年）を書いて活動もなさっています。実名を出した方としては後はアメリカで被害を受けた大藪順子さんという方もいます。『ＳＴＡＮＤ』（いのちのことば社、二〇〇七年）という本です。少しずつ増えてきていますが、当事者研究というスタンスの人は特にいないですね。経験から語るのと研究はどう違うのかというのは興味深い問題ですが。

性暴力とは違いますが、当事者研究で有名なべてるの家が面白いのは、実名と顔写真を出してやっていることです。それは大きなエポックメイキングであったと思います。「精神障害」として恥の意識を負わされてきて、外からは名前を出せないなかで、中から自分たちで実名を名乗って写真を載せている。それはすごいことだと思います。

上野　専門家が同じことをやると、かえって人権侵害としてストップがかかりそうですね。

宮地　ちなみに、さきほどお話に出た『モア・レポート』のようなものは、最近はないのですか。

上野　その後が続かなかったのです。

宮地　二回目はありましたよね。

上野　そうですね。それで終わってしまってしまいました。

宮地　続きをやってほしいですよね。

上野　ぜひやってほしいと思います。

文学による性愛のオプションの多様化とジェンダーバイアスの減少

上野　その後に出てきたのは、わざわざアンケートに答えなくても、自らの下半身語りをする女たちです。作家、ルポライター等が、小説やノンフィクションのかたちで女性のセクシュアリティを語り出した。作家ならば山田詠美さんや村山由佳さんたち。作品のなかで、女の性経験を語る言葉が膨大に登場したということはあるでしょう。

宮地　それはしかし、こういった調査とは全然違いませんか。

上野　そうは思いません。『モア・レポート』であればアンケートに応じて書いたわけですが、作家たちは頼まれずに進んで書いているという違いはあるでしょう。しかし女性の作家が性経験を自分の言葉で克明かつ大胆に書くようになる。それはもちろんポルノとしても消費されますが、だんだんとそれがあたりまえになってきたという変化は大きいと思いますよ。それまでの女性作家は性経験を暗示する言葉しか持たなかった。「翌朝、二人は朝食を共にした」とかね（笑）。

宮地　確かにそういう比較をすれば、そうなのですが……。しかし文学のなかで書かれているもので、女性作家だからこそ非常に過激になってしまったり、デフォルメされてしまう可能性も充分にありますよね。男性受けを狙って書いてしまうとか。

上野　もちろんそれはあります。男性に消費される作家、女性に支持される作家、どちらもあるでしょう。森瑤子がそのひとりですが、女性読者に支持される女性の作家もいます。一方では村山由佳のように男性評論家が喜ぶ作家もあります。どちらの側面もあるでしょう。

宮地　女性が読むとしても、文学作品はあくまでも作品ですよね。しかし他に参照するものがないからそれがモデルになって、読者によって現実化していくという回路はありますよね。

上野　それを言うなら、性愛とは文化ですから学習によります。『発情装置』（筑摩書房、一九八九年）という本のなかで、「エロスとは発情のための文化的シナリオである」と定義しましたが、人が恋愛をしたときに、「私は今恋をしている」とか「この感情は恋愛というものに違いない」と、いかにして認識が可能かといえば、予め恋愛とは何かを知っているからです。これは学習の効果によるものです。そして学習の最大の機関はメディアです。そのメディアの種類が、AVやマンガなど、多様になっただけです。それ以前から文学はありますし、習俗や慣行もあります。これまで男が書いた文学から女たちは性愛を学習してきたわけです。わたしは本当におぞましいと思ったのですが、「吉行淳之介を読めば女とは何かがわかると思って読んだ」と言った女が同世代にいたのです。そういう動機から渡辺淳一を読む女性もいるかもしれません。そういう男の言語に対して、山田詠美や森瑶子のような女性作家が別のオプションを出してくれる。それに女性の熱烈な読者がつく。そうやって女がいかに感じるかについてのオプション、つまり参照系が増えていったわけでしょう。AVを参照系にして性愛を学習するきょうびの若いカップルを笑えません。

宮地 渡辺や吉行に比べたら山田の方がいいに決まっていますよね（笑）。

上野 オヤジ仕立てのシナリオに対して女性にとってリアリティのある参照系が増えてきましたし、参照系の選択肢を増やすのが女性の書き手の役割ですから、それでいいじゃないですか。そういうものですよ。

宮地 そうかもしれませんね。

上野 もちろんその代わりに、参照系は一つの範型にもなっていきますから、「オーガズムを味わったことがないわたしはおかしい、不感症じゃないだろうか」と悩む人たちが増えてもいきます。「ベッドで失神したことがないわたしは、一生オーガズムを味わわずに死ぬのか」とかね。

宮地 「こんなことを嫌がる私はおかしいのか」とかね。そういうのはすごく増えている感じはします。文学だけを読んで取り入れてしまうことでね。

上野 性についての参照系が多様化していくのと、ジェンダーバイアスが減っていくのはよいことです。この点で、女性作家やノンフィクションライターの貢献は大きかったと思います。研究者などよりはるかにね。

宮地　本当に多様化しているか、ジェンダーバイアスが減っているか。現状認識としてはそこに疑問を持ちます。

上野　答えはイエス&ノーですね。北原みのりさんの分析によれば、二〇〇〇年代以降、素人がますます風俗嬢化しつつあるとか。男の歓心を買うためのスキルアップをねらう（笑）。それを『アンアン』が指南している。素人と風俗嬢との境界が崩れてきているのでしょう。それを女性が性的に主体化したと見るか、男性に性的に隷属したと見るか。

宮地　ではジェンダーバイアスを減らすためには、男にもホスト化してもらうしかないのでしょうか。

上野　なるほど、そういう手もありますね。

宮地　ホストが上手かどうかは知りませんが（笑）。

上野　たしかにホストと風俗嬢との間で関係は成り立ちますが、そこではどちらがより強い購買力を持つかという経済力の問題になりますね。ミもフタもないというか。

宮地　今のはお金なしで風俗嬢化している話でしょう。だったらホストもお金なしでホスト化すればいいのではないでしょうか。

上野　夫婦関係も経済力で権力差が生まれます。そうか、お互いが対等にホストと風俗嬢の恋愛になればいいのですね。そうなると「ホストになるのは面倒くさい」というようなめんどくさい系の男たちは、みんな市場から退出していきますね。

宮地　だとしたら風俗嬢化するのが面倒くさい女の子たちだって退出していきますよね。

『ノルウェイの森』ですでに風俗嬢化ははじまっている!?

宮地　話が少しずれますが、実は最近『ノルウェイの森』（講談社、一九八七年／講談社文庫、一九九一年）を再読しました。昔は全くつまらないと思ったのですが、今読んだらどう思うのかと興味が湧いたのです。そうやって読んでみると、あの時点で既に女性が風俗嬢化していた感じがします。

上野　しかし男はホスト化していなかったな。

宮地　そうですね。しかしそれはホストの意味にもよるかもしれません。『男流文学論』でそのことを斬っておられたのも最近読んだのですが、「添い寝してもらいたい願望」に応えたのだから主人公はいいではないかということを書かれていましたよね。ただ驚いたのが、上野さんが緑ちゃんを非常にポジティブに捉えていることです。現状に立って緑ちゃんを考えるならば、彼女はもっと「私を悦ばせてよ」というタイプなのに、結局は彼をイカせるだけの存在になっていて、そこに一番の違和感を覚えました。

上野　まさかここで村上春樹について話すことになるとは、夢にも思いませんでした（笑）。

宮地　私も、そんなつもりはなかったんですけど。

上野　彼の小説に出てくる男というのは、たいがい受動的でしょう。受動的な男に、頼みもしないのに女たちが勝手に関わってくるという、男に都合のよいシチュエーションばかり描かれていますね。彼の願望なのでしょうか。

宮地　しかし、考えてみるとそういうことが増えていませんか。今まさに起きていることのように思います。

上野　あなたのおっしゃる男のホスト化とは、男も努力しろよということでしょう。努力しなくても女が寄ってくるのが村上春樹の世界。『ノルウェイの森』のなかでは、キャラ的に言うと緑ちゃんが希望の担い手になっている。彼女がいないとあのストーリーは全く希望がなくなってしまう。

宮地　だからこそショックを受けたわけです。

上野　しかし最後の場面で、主人公が公衆電話から緑ちゃんに電話をかけて、彼女が「あなたはどこにいるの」と言って、「僕」が置き去りにされる。だから希望は「僕」を置き去りにして行ってしまったのではないでしょうか。

宮地　そうですね。

上野　わたしは一度読んで時間のムダだったと思いましたが、宮地さんは二度読まれたのですか。

宮地　昔読んでいたときはなにが不快なのかよくわかりませんでした。でも映画化されたし、ノルウェイに去年（二〇一〇年）行ったら本屋にポスターがはってあった。タイトルは中味と何の関係もないんだけど。きれいな感じ。それと文庫化されていまだに売れ続けていることが不思議で、読んでみようと思ったのです。しかし中にはセックスに関するシーンがたくさんあるので、すごくおぼこい高学歴エリートの男女に受けたのだなということがよくわかりました。

上野　あの程度のセックス描写でほんとにウケたんですか。すごく売れたことは確かですが。

宮地　女の子たちがたくさん読んで、かつ男の子にプレゼントすることが多かったらしいですね。

上野　そうだったんですか。装丁がクリスマスカラーで、そのシーズンに向けて売り出しましたからね。

宮地　作戦が大成功したわけですよね。しかし今と比べるならば暴力的ではないだけマシなのでしょうか。

上野　そうか、その時点ですでに女性が風俗嬢化しているわけね。

宮地　女の子がサービスしてあげるシーンが多くて、読んでいて気持ちが悪くなりました。

上野　昔も今も女は男の意を迎えるために奉仕をしているのですが、昔は無知であることが男への奉仕だったのが、今ではより積極的にサービスすることへと変わっているわけですね。だから処女から風俗嬢に変わったと。

宮地　風俗嬢に対するスティグマが減るという意味では悪くはないと思うのですが……。それにしても、ある意味『ノルウェイの森』は時代の先を行っていたのですね。おそるべし、村上春樹。

男と女

宮地　『女ぎらい』のなかで、男は、女は、とすごい分けていますよね。ああいうふうに分け続けるというのはすごいなぁ、と思います。

上野　あんなにシンプルでいいのかってことですか（笑）。

宮地　そういう言い方をしてしまえばそうです。でも、実際はシンプルでないにしても、そういうふうに言い切れるというのは、上野さんの経験なり歴史的な流れなりというのはあるんだろうなと思うんです。

上野　ジェンダーはフェミニズムの基本のきです。女という経験のなかには、どんなに身近な男とも共有できない何かをどんなに疎遠な女とも共有できるという感覚がありますね。ないですか？

宮地　それは全然ないです。

上野　ないですか。ああ、本当。

宮地　なんでそう思えるのか。

上野　むしろ、なんでそう思えないのか（笑）。

宮地　だって実際、いい男性とかいるじゃないですか。

上野　いますよ。いい男も、大好きな男もいっぱいいいますよ。でも、そういう男でも言ってもこれは分かんないだろうな、というところが、赤の他人でキライな女でも言えば通じるだろうな、というところが、女という経験のなかにはある。

宮地　絶対に思わない。

上野　あら、そう。

宮地　なんでそう思えるのか不思議です。

上野　セクシュアリティに関係することでは、どうですか。

宮地　それでもないですね。

上野　じゃあ、男性と一〇〇％理解しあえるって思えるんですか。

宮地　理解しあえないかもしれないけど。ゲイの友だちが結構いますから。

上野　わたしにもゲイもレズビアンの友だちも結構いますよ。人間的な共感はもちろん性別を問いません。キライな女とは共感できません。できなくても、ただ女だというだけで、大キライな女とでも共有できることがあるとわたしは思ってしまうんですが。

宮地　なんでそう思えるのだろうというのが、正直な感想です。

上野　そうですか。あなたが性暴力被害者を対象にしているなら、性暴力の被害者になる可能性という一点だけでも、大キライな女と共感することはできないですか。

宮地　ぜんぜん。それはひとつには男性の性被害者も何人か見てきていて、もしかするとその痛みが女性よりも深いかもしれないと思うこと。でも共通していることがすごくある。あと、女性でも加害者になりうること。

上野　フェミニズムが一体何かということに関わりますね。女という集団的同一性に自分が同一化できるかどうかということが、ひとつのリトマス試験紙になっていますよね。そうすると、宮地さんは同一化できない?

宮地　私はフェミニズムからたくさんのことを学びました。ですから、上野さんと同じようにフェミニズムに何か恩返しを自分がしたいというのはあります。でも、フェミニズムと名乗るよりも、脱男制中心主義と名乗りたい。どうして男制中心主義なのか、男制中心主義は偏っているからそこからニュートラルに戻るんだというほうがしっくりくるし、戦略的にもあっている気がします。

上野　フェミニストを名のったことはないんですか。

宮地　どうなんでしょう。フェミとは言いますね。

上野　フェミはフェミニズムの略称です。

宮地　そうですけど、イズムがないぶんだけ軽い感じです。

上野　そこにこだわりがあるんですね（笑）。

宮地　ありますね。フェミとフェミニズムは少し分けますね。フェミニストと名乗っている人のなかで、私とは全然相容れない人はいます。

上野　それはわたしにだっていますよ。

宮地　さっきのその大嫌いな女と大好きな男の間の違いの話でいうと、男の方がよっぽどマシみたいな感じですね。あの人と同じとは思われたくないというのはすごく強い。

上野　それを前提にしたうえで、この人も女だというだけで、わたしと同じ苦労をしているんだよね、という共感は持たないと？

宮地　思わない。だって、同じ苦労をしていないかもしれない。

上野　女であるという一点だけで、どこかで苦労の共通点があるとは？

宮地　思わない。

上野　ああ、そう。わたしのほうが集団的アイデンティティが強いですね。

宮地　強いですね。おどろきましたが、それは世代のせいかもしれません。

上野　かもしれないし、あなたがやっている、徹底的に個別的な、臨床という方法の効果かもしれないですね。

宮地　かもしれないですね。

上野　わたしはやはり社会学という集団の蓋然性を扱う学問の中にいますからね。個ではなくて、カテゴリーを扱う学問ですから。

宮地　上野さんが、社会学者だから、と言うときはだいたい誤魔化しですから（笑）。

上野　そうきましたか。答えは、イエス＆ノーですね（笑）。

男性は当事者性を引き受けていない

宮地　逆に言うと、男に対して違いを感じているということですね。

上野　異文化だと思っていますね。

宮地　たとえばどんなことが女にはわかって、男にはわからないんでしょうか。

上野　ものすごく卑近な話をすると、「しまった、できちゃったかも」というときのハラハラドキドキ感とかね。これは男に言ったって分かんないでしょ。他人事ですもんね。

宮地　だからこそ重く感じる人もいるだろうし。

上野　男性ももちろんハラハラドキドキはするでしょうけど。でも、パンツを下すたびに、今日はきたか、と思うあのドキドキ感は男には分からないでしょう。その感じは大キライな女でも共有できるとは思いませんか。

宮地　思わないですね。そんな経験してない人もいっぱいいるだろうし。

上野　経験していない人がいないとは言いませんが。

宮地　いや、やっぱり私はそうはぜんぜん思えません。違うと思いますね。

上野　わたしはここまできっぱりと違うと言った人にはじめて会ったかもしれません。

宮地　なぜ私は違うと思うんでしょうね。女でも身体をマヒさせることもあるし、できたらあっさり堕ろしてしまえばいいと思う人もいるし、自分は絶対に妊娠なんてしないと確信を持っているような人だっていなくはないし。女といってもいろんな人がいますから、それなら異性でもパートナーなり、友人なりの方が私は話ができると思う。自分と同じだと思えます。上野さんはやはり女を信じているんですね。

上野　そうですね。信じないとアホらしくてフェミなんかやってられません。だって、自分以外のほかの女と連帯しようと思ったら、そう思わなくてはいられません。

宮地　でも、ご自分の文章のなかではそういうことをさんざん書いているじゃないですか。本質主義ではない、生物学的な性の問題ではないということを言ってますよね。

上野　もちろん言ってますけど、でも社会的な経験の共通性ということはありますから。

宮地　関係するかどうかわかりませんが、男性の性被害のことに関わりだして、そういう被害者に会ったり、男性被害者の回復支援を専門にする人たちに会ってしゃべるなかで、自分の持っているジェンダーバイアス、女性が持っているジェンダーバイアスとかフェミニストが持っているジェンダーバイアスみたいなものにはすごく敏感になったということはあります。男性の性被害というのは、そういう意味ですごく興味深い。そして、すごく深い。まだほとんど言語化がされていない。

上野　そうですね。本当にぜんぜん言語化されていないですよね。

宮地　英語文献ではあるんですよね。翻訳は一つしましたが（R・ガードナー『少年への性的虐待』作品社、二〇〇五年）日本ではないです。環状島モデルで言うと内海にまだ沈んだままなので。

上野　男がそこを言語化しない、言語化できないでいるのはどうしてだと思いますか？　これだけ語り続けている奴らが、黙れと言ってもしゃべり続けている奴らが、被害者セクシュアリティを内省的に言語化できていないのはどういうことなんだろうか。

宮地　核心なんだろうと思いますね。

上野　学問の蓄積は山のようにあるのに、人間学と言われる分野で、男はなぜ男なのかということについては語られていないんです。男は謎だらけですよね。当事者性というのは客観的でもあり主観的でもあるけれども、男は当事者性を引き受けてないんだと思いますよ。女は女であるという当事者性から社会的に逃げ隠れできなくさせられている。男は逃げ隠れできるようになっているんじゃないの。

宮地　それはありますよね。男性にとって、性的な傷つきは語りにくい。直視したくない。男同士、そこは触れないという、暗黙の了解があるように思います。男の弱いところをつつくなら、自分に返ってくる可能性もある。だから自分たちは服を着たままで、女性だけを裸にして、分析してきた。あくまでも対象として。たしかに逃げ隠れできるんだけど、でも逃げ隠れするより先に死んでしまう男もいっぱいいますね。

上野　たしかに、そうですね。追い詰められて自殺する。自殺も逃避のひとつだと思いますが。

宮地　まさに、弱音を吐けない、吐いてはいけないと思っている。べてるの家の「弱さの情報公開」というのはすごく面白いなと思います。いままでは弱音を吐くとか、愚痴を言うとかいうのはネガティブにみなされてきたのを、「情報公開」と言うとポジティブに聞こえるじゃないですか。だから、「弱さの情報公開」というと恰好よく聞こえるわけです。そこにべてるの家の戦略的な言葉の選び方のうまさがあるな、と思いますね。「当事者研究」も「当事者学習」じゃないから、やりたくなる。

上野　わたしはそれをうまく言えなかった。弱さを認めることは弱さではない、弱さを認めることは強さだ、と言ってきたのですが。

宮地　でも、その言い方だと男はひっかからないんですよね。

上野　そうなんですよ。

宮地　でも、「弱さの情報公開」というと少しひっかかる人がでてくる。

上野　おっしゃる通り。

宮地　最近、ジャーナリストで被災地に行って、すごいショックを受けて自分も精神的な症状が出てそれをエッセイとして表に出した男性がいたんです。でも、自分がそれを書いたことに対してすごい罪悪感を覚えて、後悔をしていたんですけど、私が「弱さの情報公開、いいじゃないですか」と言ったら、すごいすっきりしたと言ってくれました。ジャーナリストとして、第一線で活躍している「強い」とみなされている男性が、そうやって傷つくということを言うことが重要なんだと思います。

上野　ボキャブラリーによって、ひっかかる、ひっかからないというのは分かります。たとえば、「弱さを認める強さ」とか、「卑怯者である勇気」というと、男には届かないんですよ。

宮地　「情報公開」は効きますよ（笑）。

上野　それは分かる。「卑怯者である勇気」というボキャブラリーを男にひっかかる言葉に変えるにはどうしたらいいですかね。「卑怯者」という言葉だけで、決定的に彼らはひきますからね。さっきあなたの言葉で出てきましたけど、「ズルい」と「卑怯者」は違います。「卑怯者」はスティグマが大きいですよね。男らしさの規範からの距離が大きいから。「ズルい」は「狡猾」という意味ですから、「このヤロー、うまくやりやがって」だから、ラッキー！（笑）

宮地　私は逆かもしれない。卑怯者と言うときよりも、ズルいと言うときの方が、自分が能力持っているのにという感じが入っているので、それにひっかかります。ですから自分が能力があるということに対してのコンプレックスがあるんですね。

上野　やっぱりあなたには強者意識があるんですね。強者が「ズルい」のは抑圧的ですが、弱者が「ズルい」のは生存の技術ですよ。そこが決定的に違う。わたしは不釣り合いに強者意識が欠けているので。

宮地　不釣り合いですね（笑）。

上野　たぶん、そのせいで自覚せずに人を傷つけていることもあるでしょう（笑）。

宮地　『ケアの社会学』ではほとんどセクシュアリティについて触れられていませんでしたよね。

上野　とはいえ、ケアは身体性の問題に密接に関係しますし、『ケアの社会学』には書きませんでしたが、高齢者のセクシュアリティの問題は主題として未開拓の分野だと思います。

宮地　それはここで話すよりも、上野さんご自身に書いていただいた方がいいと思うのです。私自身はまだそこまでは目がいっていないので。

上野　まだご自身を高齢者だと思っておられない？（笑）

宮地　もうそろそろですけれどね。しかし上野さんはどういうことを話されたいのでしょうか。

上野　セクシュアリティのなかには、そこから排除された人々の存在があります。障害者・子ども・高齢者ですね。この中では、子どもの性についての見方はだいぶ変わりましたね。排除されているどころか搾取されていることがわかってきた。そして障害者の性についても積極的に発言が出てくるようになったし、研究も出てきました。しかし高齢者に関しては、七〇年代に大工原秀子さんの『老年期の性』（ミネルヴァ書房、一九七九年）が出たあとは、ちゃんとした研究があまり出ていません。

宮地　『妻たちの思秋期』（共同通信社、一九八二年／講談社＋α文庫、一九九四年）の斎藤茂男さんが、一九八四年に「燃えて尽きたし……」というルポを書いていますが。

上野　ＮＨＫが『ＮＨＫ日本人の性行動・性意識』（ＮＨＫ出版、二〇〇二年）というセックス調査を実施したときには、確か調査対象者を六九歳までで切ったはずです。わたしはその調査に少しだけ関係していたのですが、六九歳でセクシュアリティから排除されるのかと憮然とした覚えがあります。

宮地　上野さんの語りたいこと、私に言わせたいことはなんでしょうか。

上野　わたしがセクシュアリティを主題にしたことを評価していただけるのはありがたいのですが、そこで話は終わっていないのです。それから後もわたしはずっと生きてきましたし、今でも生きております。そして加齢をしております。ですからセクシュアリティの主題系も、生殖に直接結びつくものからそうでないものへと移っていきますよね。セクシュアリティという問題系が浮上するにあたって中心的な主題になったのは、そうした生殖に非関与なセクシュアリティがとても多様で広い領域を持つということです。とりわけこうした超少子化社会では、一生のあいだ、生殖に結びつくセクシュアリティより、結びつかないセクシュアリティの比重のほうが高い。他方、超高齢化が起きていても生殖可能なバイオロジカル・クロックがそれにともなって延びているわけではないので、人間の一生の中で、生殖に関与的なセクシュアリティは期間限定のものにすぎなくなっています。初潮から閉経までの期間は昔からそれほど変わっていませんし。

宮地　上野さんはセクシュアリティについて書くのをやめたのかな、関心がなくなったのかなと心配していましたが、ほっとしました。でも、こちらからは聞きにくい。まさに次の本でお書きいただきたいと思うのです。

上野　タブー・イシューのなかでも高齢期の女性の性はタブーにされています。高齢期の男性の方には風俗の需要があったり、バイアグラが売れたりとかね（笑）。しかしバイアグラは認可が早かったですね。ピルの認可にあれほど時間がかかったことを思えば、厚労省の役人が男に同情的だったとしか思えません。

宮地　女の高齢期の性を書いたものとしては、浜野佐知の映画『百合祭』（原作・桃谷方子）とかが思いつきますよね。

上野　数少ないケースですね。

宮地　高齢者ではまさに、あるタイプの風俗嬢とホスト的なサービスとが出てくるのではないでしょうか。

上野　高齢者対策として。

宮地　いや、対策としてではなく……。

上野　高齢者が性産業の大きなマーケットであることは認知されてきました。男性に限った話ですが、自力で異性を調達できない人のためのマーケットです。障害者の場合もそうですが、男性のセクシュアリティは主題化しやすいけれども、女性の方はタブーになっている。両方ともそうですね。

実は、高齢者の性の聞き取り調査をやろうと思ったことがあるのです。性欲が文化的なチャネルを通るとしたら、認知症者の性欲は物語性を失っていくと聞いたことがあります。認知症者の当事者研究において、ダイアナ・マクゴーウィンがそう書いています。歳をとっても性欲はなくならないし、かえって昂進することもある。マクゴーウィンの表現だと、物語性を失った性欲は「ロケット噴射のような性欲」というものらしいです（笑）。経験したことがないからわからないのだけれども。

つまり、文化的なシナリオと結びついたセクシュアリティが削げ落ちていくと、物語性を失ったむきだしの性欲が出てくるのかもしれません。まだ誰も探求していない領域でしょう。

宮地　その研究は田中美津さんや上野さんや河野さんが組んでやっていただいた方が、あとからおいかける私たちとしては助かります（笑）。

上野　当事者研究をするためには、まず自分がボケなくちゃいけないじゃないですか。

宮地　認知症というより高齢者のセクシュアリティという意味でしたが。

上野　ともあれそうなると、人が性的な存在であるとはいかなることかという問いが出てきます。それは生殖に関わる発情期の一過性の出来事なのか、そうではないのか。生殖に非関与なセクシュアリティの領域がこれだけ大きくなれば、必ずしも動物的な意味での、生殖に結びつく発情期だけを考えるわけにはいかなくなるはずです。

宮地　海外のフェミニストの中で、そういうことを考えている人はいそうですね。

上野　これから出てくるんだろうと思います。

宮地　話を最初に戻しますと、上野さんのセクシュアリティに関するお仕事は、主に、マスメディア、特に広告、それから文学、アート、そして精神分析におけるジェンダー批判、つまりそれぞれの領域でのセクシュアリティの扱われ方を、ジェンダーの視点から問い直したものだと思います。他に人類学や、建築学などもありますね。いずれもある種の「他流試合」であり、道場荒らしとも殴り込みともいえなくはありませんが、そこに風穴をあけてくれたのは、次の世代の私たちにとっては、とても大きかったと思います。

それぞれの分野で成り立っている「常識」を、ひそかにおかしいと思っている女性研究者は少なくないのだけど、あまりに「常識」が普遍の論理とされているので、自分の方がおかしいのかと思ってしまいます。自分の所属分野であれば、師匠や先輩に歯向かうのはおそろしいことだし、自分の学んできた専門知識を疑うことは自己否定につながりかねません。一方、自分の所属しない分野については、おかしいと思っても、自分は詳しくないから、という理由で、批判を躊躇してしまいます。

私自身、上野さんの書かれたものによって、専門分野の常識を信じられない自分を認めることができたのは、とても大きな支えになってきました。今の仕事の土台となっていることを、再読の過程であらためて感じました。

上野　そう思っていただいてうれしいです。後の研究者につながってほしいですね。

（初出：『現代思想』二〇一一年一二月臨時増刊号、青土社）

第5章

宮廷文学における産む／産まない

× 木村朗子（きむら・さえこ）

1968年生まれ。津田塾大学学芸学部国際関係学科教授。専門は言語態分析、日本古典文学、日本文化研究、女性学。著書に『恋する物語のホモセクシュアリティ』、『震災後文学論』（以上、青土社）、『乳房はだれのものか』（新曜社）、『女たちの平安宮廷』（講談社選書メチエ）。

上野　『恋する物語のホモセクシュアリティ』（青土社、二〇〇八年）を書かれた木村さんと今回、お話させていただくわけですが、わたしは編集者の次の読者だろうと思います。ゲラを読ませていただいて帯を書きました。「宮廷物語では、だれとだれがどんなセックスをするかは、重大事。それは色恋ではなく権力の問題だからだ。「こんな読み方もできるのか」とぞくぞくする」というものです。本当に「ぞくぞくする」んです。おもしろい本だな、とは思いましたが、それでも文句は山ほどあります（笑）。それはおいおい言うとして……。

わたし自身はあまり古典文学に詳しくないのですが、古典文学を研究する女性には、大きな敬意を払ってきました。『源氏物語』研究に、非常に有名な清水好子さんという方がいらっしゃいます。あの方が「『源氏物語』は結婚の物語である」と喝破しました。誰と誰が番《つが》ったかというのが大事件となる権力の物語だという見方です。もうひとりわたしの尊敬する富岡多恵子さんは「『源氏物語』は強姦の物語だ」と言っています。なぜかというと、源氏というのはとにかく身分の高い男性ですから、色男だからもてたんじゃなくて、「NO」が言えない女にアプローチしたセクハラ男なんですよね。一方は結婚の物語だといい、もう一方は強いられたセックスの物語だという読み方をしていて、なるほど女が読むとこういう読み方ができるのか、と感心しました。木村さんはこれをセクシュアリティとリプロダクションの物語だと読んだわけですね。性愛だけでもなく、結婚・出産だけでもない、その両方の結びつきを見ようとしたのが新しいと思いました。というのは、誰と誰が性愛関係を結ぶのかということと、その性愛から、子どもが生まれるのか生まれないのか、子どもは生まれるべきではないのか、生まれるとしたらどんな子どもが生まれるのかっていうことを、木村さんは問題にしたわけです。いかにもフーコー以後の日本古典文学研究だなとしみじみと時代を感じました。この本のすごいところは、セクシュアリティだけではなくリプロダクションの問題が入っているところだと思うのですが、そういうカタカナでしかカテゴリー化できないような分析の切り口を古典文学に持ち込むというアイディアをどうやって思いついたのでしょうか、というあたりからお聞きできればと思います。

まず木村さんにお聞きしたいのは、何でこういう研究をやろうと思いたったのかということです。古典文学の研究者の中から、こういった素人が読んでも「ぞくぞくする」という研究書があらわれるのは事件だとわたしは思いました。それに加えて興味を持ったのが、なぜあなたが、宮廷文学の本流中の本流である源氏物語を扱わなかったかということです。この本には、多くの読者が知らないテクストがいっぱいでてきます。なぜ、このような古典文学のカノンに含まれないテクストを扱ったのでしょうか。お師匠さんの藤井貞和さんから「源氏物語はやめておけ」と言われたというエピソードの紹介がありましたが……。

木村　そもそも、何で古典文学なのに、こういうことをやろうと思いついたのだろうかと言われてしまうところに、いまの古典文学研究があること自体が問題なんだと思います。古典文学研究といっても訓詁注釈をやっているばかりではなくて、セクシュアリティ論に限らず分野横断的なテーマの研究もあるんですが（たとえば藤井貞和『言葉と戦争』〈大月書店、二〇〇七年〉など）、それが開かれていかない閉塞感を感じてきました。近代文学の研究と比べても古典文学は、相当に分が悪い感じがします。なんだか、こちらからは見えているけれどもあちらからは見えないマジックミラーのこちら側で「わあわあ」騒いでいる感覚ですね。ですから上野さんに読んでいただけたことで、ようやくガラスを突破できるところにきたのではないかと、わたしも「ぞくぞく」しているのですが（笑）。

それから、なぜこんなにマイナーなテクストを扱ったのかということですが、この本で扱った物語には、異性装や同性同士の性愛などが『源氏物語』などに比べてかなり明示的に描かれているんですね。すでにしてジェンダー、セクシュアリティの問題構成を物語的に実践してみせているともいえるテクスト群なので、性にかかわる問題が非常に見やすいということがあります。とくに異性装によって男女が入れ代わるのが物語のしかけとなっている『とりかへばや物語』などは、そこで起こる性愛が、装いのレベルで異性同士であるのに、性の関係においては同性同士だったりと、性の問題を複層的に考えるのに恰好のテクストです。『とりかへばや物語』は明治期の国文学者、藤岡作太郎氏が「ただ嘔吐を催すのみ」とあからさまな嫌悪を示した物語ですが、源氏物語を至高とする国文学史からはじかれたものを取り上げたことで、結果として「源氏帝国主義」や正典主義にもの申すかたちになったのはよかったと思っています。

上野　いま、最初におっしゃった、古典文学なのにどうしてセクシュアリティなのか、っていうふうにはわたしは考えていません。なぜかというと、そもそも『源氏物語』って退廃文学だと思われてきたわけですから。貴族の男女がほれた、はれた、セックスした、それも不倫や浮気をしたっていう。歴史的に見れば江戸時代に本居宣長が再評価するまでは、お蔵入りの好色文学でした。古典文学なのになぜセクシュアリティか、という問いではなくて、むしろ色恋のことばかり語っているのが古典文学でした。ですから、色恋の物語は色恋の物語として読み解くのが常道でした。だからこそ、清水さんは『源氏物語』を結婚の物語だといったのだし、富岡さんは強姦の物語だといった、というのは誠にもっともですよね。わたしの感じた意外性は、そういう意味ではありません。

木村　今年は源氏物語千年紀ということで、さかんに宣伝していますけれども、『源氏物語』に対するイメージも、清水さん系と、富岡さん系とに二分されていると思います。いまは富岡系の意見が抹殺されている一年だと思いますけれども……。

上野　誰が抹殺しているんですか？

木村　源氏物語千年紀イベントを盛り上げたい人たちでしょうか。千年紀の宣伝の中では、源氏物語は美しいものでなければばならないんです。お香や絵巻や着物の色目などといった典型的な王朝の雅のイメージですね。その一方で、富岡系の議論として、あれはレイプの物語なんだという源氏レイプ論があるわけですが、これがでてきたのが、ちょうど源氏研究にフェミニズムが入ってきたときなんです。一九九一年に駒尺喜美さんが『紫式部のメッセージ』(朝日選書)という本をお書きになったのが、それこそ当時としては事件で、『源氏物語』は紫式部が不当に扱われた女性のことを告発するために書いたものなのだといって、『源氏物語』のフェミニズム批評をやったんですね。レイプ論をやりすごすために、ついでにまとめてフェミニズムの議論も無視するという図式がそこでできあがってしまったように感じます。レイプ論で『源氏物語』が悪書の扱いをされると、源氏研究をやっている人たちは大変困るわけです。典雅な王朝世界を売っていれば、それこそ講演会のお仕事も来ますし、いいことがあるわけですけれども、光源氏がレイプ魔だとなりますと、そんな物語をありがたがって研究しているのかという話になりますから。

まさにこの問題が、いま瀬戸内寂聴さんの発言をめぐってもやはり議論されていて、千年紀がらみで雑誌に出てくる瀬戸内さんのお話は、たいへん上品なお話になっていますけれども、現代語訳を完成させた頃の『ニューヨーク・タイムズ』紙（一九九九年五月二八日）のインタビューでは、光源氏は誘惑する男と言われているけれども、あんなものは誘惑なんかじゃなくて、まったくのレイプです（It was all rape, not seduction.）なんて言っています。

上野　おお、さすが瀬戸内さん。

木村　このインタビューを取り上げたのは、二〇〇一年に最新の英訳源氏を出したロイヤル・タイラー氏なんですけれども、『源氏物語』を一般の人に読んでもらいたいと思って翻訳したのに、日本で現代語訳した人がやってきて、あんなものはレイプです、などと言われては困るというんです。

わたしはこの問題に関しては、光源氏はレイプをしたようにみえるかもしれないけれども、『源氏物語』はレイプ小説ではないというふうに主張しています（「『源氏物語』とフェミニズム」『国文学解釈と鑑賞』至文堂、二〇〇八年五月号）。それでは、レイプじゃないとしたらどうしてそういうことが行われるんだろうか、どうしてそういう仕組みが許されているんだろうか、という具合で考えていって、権力の問題であるとか、リプロダクションの問題とかにたどりついたんです。

上野　あの話はレイプ小説ではない、というのはどういう意味でおっしゃっているんですか。

木村　描かれた行為を現代に持ってきて、そこだけ読むとなるほどどうしてもレイプっぽいんです。でも文脈をたどると制度の問題としてみえてくる。たとえば光源氏と不釣り合いな身分の空蝉という女性との関係がレイプ論では問題にされているんですが、源氏は方違えというので、空蝉のいる邸に泊まりにいって出逢うんです。源氏は、最初から、女っけがないところで寝るのは淋しいものだからよろしく頼む、と注文を出していて、その泊まった先でも、そっち関係の用意はできているんだろうな、なんて聞いているんです。そうして床につくと、向こうで女の声がしている。それで、立ち上がって行ってみると襖に掛け金がかかっていない。それで入って行って……、と、こうして事が起こるんですね。いわゆるレイプというのとは違って、段取りよくしこまれた、客人のおもてなしとしてあるんです。性の制度の問題なんですね。

上野　いまのお答は予想と違いました。レイプ小説というフェミニズムが持ちこんだ視点で、主流の『源氏物語』研究者が混乱したということもあるでしょうが、しかし、あれは最終的にはレイプ小説ではなかったというのは、紫式部という女性が、ああいう男にだったらレイプされてもかまわないという、いわば女から見た「夢の男」を描きだしているからだ、という答を予期していたのですが（笑）。だって、一度お手つきになっただけで一生面倒を見てくれるわけでしょう。後ろ盾のない女にとっては、ラッキー！　って感じじゃないですか。どんなにブスでもちゃんと相手にしてくれるしね。テクストっていうのは、それ自体が言説的な遂行ですから、それをもって紫式部は女が描く「夢の男」を作りだしたと、そう考えれば、レイプに見えて最終的にはレイプ小説ではないっておっしゃるのかと思ったのですが。

「生む性」・「生まない性」

上野 肝心な質問ですが、セクシュアリティとかリプロダクションという、いわゆるフーコーを通してフェミニズム以降に登場してきた概念を、ほとんどミスマッチのようにして古典文学の中に持ちこんだのはどうしてでしょうか？

木村 最初にそういったことをやっていたのは近代文学研究だったんですが、近代文学だと、ちょうどフーコーが言っているようなことにぴったり合っていて、近代国民国家の成立とともにこのような転換があった、といった具合に、いろいろなことを言えるわけです。切断線を一本入れてビフォー、アフターで語りやすいんです。

そこで語られていることは、おおむね近代批判というかたちをとりますから、近代がはじまってなにか悪いことが始まったという筋立てになっていて、近代以前の時代はもっと自由であったとかいったようにユートピア化がなされたように思います。でもそれは違うという思いがありました。同じ制度が別な仕方で存在しているはずなんだから、それを語らなければならないのではないか、というのが古典文学でこういうことをしようとした一番の理由です。ですから、あらかじめ近代の言説からその偏差をいうような問題設定であったということはあります。

上野 セクシュアリティという同じ制度があるはずなのに、とおっしゃいましたね。言うまでもなくセクシュアリティというのは、自然ではなくて制度です。こんなことはフーコーを経たいまでは常識になっていますが。

少し意地悪な質問をしますね。フーコーはセクシュアリティというのは、近代の制度であって、「セクシュアリティの近代」というものはあるが、「近代のセクシュアリティ」というものはないと言っています。「近代のセクシュアリティ」といったとたんに、歴史貫通的な制度を構築してしまう。たとえば、「近世のセクシュアリティ」、「中世のセクシュアリティ」、「古代のセクシュアリティ」があるかのように、観念されてしまいます。天皇制と同じです。「天皇制の近代」はありますが、「近代天皇制」なんてものはありません。天皇制は近代の産物ですから。それを「中世天皇制」、「古代天皇制」といったとたんに、ありもしない歴史貫通的な制度を捏造してしまうことになります。それなら、古代の宮廷文学について、セクシュアリティという近代概念を使うのは、はっきり言ってルール違反ではないか、と思うんですけれども。わかっていてあえてルール違反をやっちゃったんでしょうか?

木村　セクシュアリティ論が最初に入ってきたときの概説的な説明では、セクシュアリティは、アイデンティティの問題だったんですよね。フーコーが言っていることも、近代化した自我が内面化されて自分のアイデンティティとしてセクシュアリティを認識していくという話だと思うんですけれども。もちろん、セクシュアリティ論がすべてアイデンティティ論になっているという意味ではないですが、少なくとも古典文学研究では、アイデンティティ論に依拠するものが主流でした。

でも、いま上野さんがおっしゃったように、セクシュアリティという概念がなかったわけだから、古典の世界で誰それはホモセクシュアルだなんてことは言えないはずなんですね。では、そこで起こっている「ホモセクシュアル関係のようなもの」はどういう仕組みで起こっているのかという問題設定をしてみたわけです。現代に一夫一妻制でリプロダクションの構造ができているというような意味での番いの法則といったものは古代にもあるはずだと思ったんです。その意味では、近代の枠組みでおこなわれていた議論が先にあって、それは違うよ、というためにそのセクシュアリティ論をずらしていくというかたちをとらざるを得なかったということはあります。ルール違反というよりは、先行研究に依拠しつつずらすという感じではあるんですけれども……。

上野 なるほど。とはいえ、セクシュアリティがアイデンティティと結びつけて語られたのは、セクシュアリティ研究の一部分にすぎません。セクシュアリティは近代の制度ですから、ホモセクシュアリティも近代の制度です。日本における同性愛研究のパイオニアである古川誠さんが、「日本では大正十一年に現代にまで連なる悩める「同性愛者」というものが初めて誕生した。同性愛者はそれ以前にはいなかった」と指摘しています（「同性愛者の社会史」、井上・上野・江原編『日本のフェミニズム別冊男性学』（岩波書店、一九九五年）所収）。なぜなら、「同性愛」という概念が日本語に登場し、しかもそれが「変態性欲」としてスティグマ化されたセクシュアリティとして成立したのが大正期だからです。自分は異常じゃないか、このままでは結婚もできず子どもも作れないんじゃないかと悩める自称同性愛者がはじめてメディアに登場したのが大正期だと言います。「同性愛」はそれ以前には遡りません。それ以前にあったのは、「男色」や「衆道」と、「同性愛」とは別な概念で呼ばれるものでした。ほんらい異なる対象に、同じ「セクシュアリティ」という概念を被せてしまったら、間違うことになりませんか。

木村　どのように名指すかということですよね。おっしゃるとおりだと思います。わたしも同性愛者というかたちで名指すことはできないということは強調しています。そのためにこの登場人物はゲイだとかレズビアンだとかと名指すことのできるものではない、という「ではない」を入れてずらしていく方法をとっているわけです。同性の性愛が物語に描かれているというと、「昔はたくさんゲイがいたんですね」と言う人がいますが、そういうことではなくて、ヘテロセクシュアルとホモセクシュアルの境界線がいまとは違うところに引かれていたんだといいたいのです。権力を「生む性／生まない性」という分け方をしていますが、権力を「生まない性」という、現代社会ではホモセクシュアルが相当するところに、摂関期の宮廷社会では、女性も入っているんです。

上野「同性愛」という概念が持ちこまれたときには、男性同性愛と女性同性愛を両方含む概念として登場しましたよ。「同性愛」と「ゲイ／レズビアン」とのあいだにも違いはありますが、「男色」と「同性愛」の違いも大きいでしょう。

木村　そうですね。つまり「男色」という性のシステムが配備されている状態、そして近代でいえば、それが「同性愛」という制度として配備されているというわけですね。そのような意味での、配備されている性、性の制度を宮廷社会の枠組みから掘り起こしながら、同時に、現在の「同性愛」の概念に別な視角を与えるということで、古典文学に描かれたことを完全に過去の遺物としてしまわずに、あえて橋をかけたわけなんですけれど。

で、宮廷社会の性の制度ですが、権力を「生む性／生まない性」とで腑分けされていると考えています。たとえば、男主人とお手つきの女房との関係というのは、たとえ子どもを出産してもカウント外とされることを考えると、それは現代社会でいうところのホモセクシュアルと同じ位置にいるといえるのではないかと。ですから、稚児と召人というお手つきの女房はある意味、同じように「生まない性」の位置にいるというふうに考えています。ちょっと強引でしょうか?

上野 かなり強引な概念の使い方ですね、社会学の論文なら許容範囲外です(笑)。とはいえ、「産まない(産むべきでない)性」に、男色と身分違いの性愛を同じようにカテゴリー化することで、たしかに見えてくる物語の構造がある、というあなたの分析には説得されました。セクシュアリティとは別の概念を使った方がよかったかもしれませんが、「セクシュアリティ」を使ったおかげで戦略的に可能になることもありますから。

あなたの分析でおもしろいと思ったのは、性愛がリプロダクションに結びつくというところですね。異性間性器性交では、避妊しなければできるものはできるのだから。だからジェンダーを問わず、「産む性」と「産まない性」というふうにカテゴリーを作ったために、時間を変数に入れたダイナミックな分析ができたと思うんですね。「産む性」と「産まない性」というカテゴリーのもとでは、同性関係は「産まない性」に含まれます。それに加えて、異性のあいだでも「産まない/産むべきでない」ことが想定されている性がある。つい間違って産んでしまったが、養子や里子に出して、なかったことにするという裏技が物語の構造のなかにちゃんとある。そういう分析そのものは、ものすごくダイナミックでおもしろいんですが、それに「セクシュアリティ」という誤解を招く近代概念を被せなくてもよかったんじゃないか。たとえば、「平安時代ってゲイがたくさんいたんですね」、とかっていう誤解を引き起こす原因になりますから。フーコーはものすごく慎重だから、古代に同性愛があったとは決して言いません。「同性愛」と「少年愛」は違います。古代の性愛については、「セクシュアリティ」という用語も使わず、当時の用語にしたがって「アフロディズィア（アフロディテの営み）」と呼んでいます。木村さんのお仕事は、なるほどな、と思うところもありますが、他方いささか強引すぎるところもあります（笑）。こういう荒業をなさるなら、わかっていてルール違反をあえてした、そうしたらここまで言えた、というような書き方をしていただけたら、それはそれで納得できたかな、と思います。

木村　第一段階ということで、流通している言葉と概念を使って、それはここには当てはまらない、なぜならこういう仕組みになっているからだ、という語り方に妥協点をもってきたというところでしょうか。

もともとは性の配置のルビにセクシュアリティという言葉をつけていたんです。ですから、性の配置というふうに考えていたことなんです、もともとは。

上野　そのほうが、誤解が生じにくいと思います。

たとえば、「江戸時代の同性愛」とか言ってもらいたくないし、「男色」はダンショクでなくてナンショクといってもらわなきゃ（笑）。「衆道」はまたそれとは違いますからね。ですから、違うものはすべて違うように概念化してもらわないと困るんです。そうやって初めて、わたしたちが現在考えているような性の配置と、古代や中世の性の配置が非常に違うということがわかってきます。たんに、奔放だとか何でもありとかではなくて、それにはそれなりのルールがあります。

木村　いまから考えると非常に変わったルールですけれども、やはり、当時、摂関政治体制だったというのが一番大きなことだと思うんですね。摂関政治というのは、かなり博打的なやり方で、次から次へと天皇に娘を嫁がせて、それで生まれた子どもを天皇にしようとするわけですから、子どもの出産争いみたいなところに争点があるんですね。だからやたらと○○様の落とし胤というのが出てくるのは困るという要請があって、そこはすべてきれいに整除されています。出産してもしなくてもどうでもいい人たちというのがいて、「生まない性」という異なるカテゴリーでちゃんと使われているわけです。はっきり追えるわけではないのですが、出産した身体を利用して乳母として乳をあげる人としたり、女房階級の人たちの出産を存分に利用したシステムになっているように推測できます。ただ、摂関政治が緩んでくれば、○○の落し胤みたいなものが逆にとりこまれるようになってきますので、「生まない性」の人たちが一発逆転する可能性もあって、位を上げてもらったりするようなことも起こってきます。気に入ってしまうと、正妻よりも大事にして、頼ったりすることが平気で起こってきてしまうわけです。お手つきの女房というと、権力関係で理解されがちですが、単なる上下関係ではすまなくて、男女の恋愛として、禁じられた悩ましい恋にもなり得るわけですね。女房との恋愛はあり得ないこととして未然に封じられていますが、実際は、それがあり得ないからではなく、むしろ十分にあり得るからこそ抑えこまれているということです。同様にホモセクシャル関係も「生まない性」ですが権力奪取に参入してくることはおおいにあり得る。こういった、微妙なバランスのところで、やっているというのが一番面白いところなんです。

上野 性の相手はいろいろいるけれども、その性の相手の中でも産むべき女と、産むべきでない女というのが区別されていたと。

木村 生んでも権力に結びつかない女ですね。

上野 避妊はしていたのでしょうか？

木村 生んでもカウント外とされる女たちと関係していれば、生まれてないことになるのだから、ある意味、避妊ですね。あるいは乳母になった人との関係であれば、彼女たちは本当に長い間、お乳をあげているので完全に避妊だと思います。もちろん、はっきりとそんなことは書いてありませんが。

上野 たしかに授乳期間中は排卵が抑制されますから妊娠しにくいと言われますが、そんな避妊の知識があったんでしょうか？

木村 やはり、長年の経験から、知っていたんじゃないかと思いますけれども。逆に正妻にはどんどん産んでもらいたいので、授乳をさせないで、かなり短い期間で次の子どもをつくれるようにしています。

上野 なるほど、授乳を抑制すれば出産後の排卵は促進されますからね。上の子の出産から一年たたずに産まれる年子は、出産後の性交の抑制がなくなり、栄養状態が改善した近代に固有の現象だと言われますが、貴族社会では年子は産まれているんですか？

木村　はい。たとえば一条天皇の后であった中宮定子なんかがそうだったようです。例の『枕草子』を書いた清少納言が仕えた人ですけれども。一条天皇の寵愛が篤かったというのもありますが、道長の娘の彰子が入内したころに、その事態に抗うようにして年子の出産をしています。

上野　乳母は、授乳期間中、妊娠しないでしょうが、正妻の方は授乳を抑制して、次の妊娠に備えるんですね。貴族でしたら栄養状態もいいでしょうしね。そうしますと、乳母は夫がいて、子どもを産んでいるからこそ乳母に雇われているわけですが、もしかして乳母も同時に主人のお手つきになっているかもしれません。乳母の子どもと主家の子どもの関係を「乳兄弟」といいますが、本物の兄弟かもしれないわけですね。

木村　異母兄弟ですね。それで、お父さんと関係している乳母が自分の育ての親になるわけですけれども、その子が男の子だった場合、最初の性教育を乳母が行って、子どもが乳母のことを好きになっちゃったりすることもありえます。

上野　筆おろしですね。侍女が仕えている若君の初体験の相手になるのは、よくある話です。

木村　そうですね。半ば公然と、父親と一人の女を分け合うことになって、エディプス・コンプレックスなんて成り立ちようもないんですね。

さらにまた、乳母と関係することで、乳母の産んだ子が自分の子どもかもしれないといった事態となるわけですが、乳母の子はそのまま女房として仕えるようにもなりますから、こんどは乳母の子と召人関係になったりもするわけです。『とはずがたり』の書き手などがそうでしたけれども。すると、ことによると自分の娘と性関係を結んでいるのかもしれないわけですよね。だから、非常に近い関係で近親相姦があり得るわけです。

上野　そのような関係は、物語のなかでも禁忌なんでしょうか？

木村　それがどうも全然禁忌じゃないらしいんです。だから、それが禁忌じゃないとしたら、何なんだということになります。近親相姦とホモセクシュアルの禁忌は連関していているとジュディス・バトラーは言っていますけれども、本当にそうかも知れないと思います。眼に見えている近親婚は規制されていますけれども、「生まない性」との関係といいますか、そういった見えない部分での根源的タブー意識というものはないです。

上野　人類学では結婚と性関係を完全に区別します。禁止されているのは近親婚であって、近親関係ではありません。目に見えるルールさえ守れば、あとは何でもありです。それに古代では異母キョウダイ婚は、近親婚にはあたらないようですね。先ほどの身分の高い人の落とし胤が突然現れるということですけれども、DNA鑑定などというものがない時代に、落とし胤だということをどうやって証明するんでしょうか？

木村　あの時あそこで……という記憶が男の方にありますよね。

上野　普通、男ってそういうときに否認する生き物なんですけど（笑）。

木村　たいてい、落とし胤が出てくるときというのは困っているときなんです。子どもが欲しくて探してくるような感じなんです。

上野　なるほど。まず需要があるから、供給があるんですね。

木村　ええ。「殿のご落胤」などというと男の子をイメージしますが、摂関政治下では入内競争がかかっていますから、ほしいのは女の子のほうなんですね。『源氏物語』にも光源氏に対抗して、内大臣（頭中将）が「外腹の娘」を探し出す話があります。

上野 その際、よその胤の子どもをつっこむということもあるでしょう？

木村 大いにあると思いますし、正妻の子にしたって、まわりにお手つきの女房がひかえているわけですから、ほんとうに正妻が産んだかどうかは外からは分からないわけです。そもそも誰の子どもかという血縁というものに、わたしたちが思うほどこだわっていないかもしれません。

上野 逆の場合は、どうなんでしょう。産むべきでない女が産んだときには、それをなかったことにして、子どもをどこかに追いやったりしますが、その裏側に、生むはずの女が別な男の胤を仕込んでしまったということもありますね。ここから物語が展開するのが『源氏物語』です。

木村 密通物語ですね。

上野 ええ。密通は、宮廷文学のひとつの大きな主題ですが、その密通は明かしてはならないタブーでしょう。家父長制とは自分に属する女から産まれる子どもの帰属先を決めるルールのことです。正統な地位にある后とか、正妻とかの女が孕めば、誰の胤であれ、自分の子どもであるというしかないという立場に立たされるのが、夫という名の男なんですよね。これが家父長制のアキレス腱だということを彼らはわかっているんでしょうかね（笑）。

木村 （笑）。結局争っているのは、女の父親たちですので、誰の子どもでも産まれてくれればありがたいというのはあると思います。

上野 ああ、そうか。夫権ではなく文字通りの父権が問題だからですね。自分の娘から産まれさえすれば、誰の胤でもいいわけだ。

木村　よくいわれることですけれども、日本は中国の宮廷制度を取り入れたにもかかわらず、なぜ宦官の制度を入れなかったのかということがあります。中国では王の血統を守ろうとして、まわりの后たちが密通されないように、仕えている男たちは去勢されたりしているわけですけれども、そういうことはしていない。しかも開けっぴろげな構造の住まいです。

上野　そうですね。わたしは京都に住んでいた頃、御所の春秋の一般公開に出かけて、これが日本の宮殿かと思うと、諸外国の人に見せるのが恥ずかしいほどみすぼらしいところだと思いました。よく御所に泥棒が入って女房を身ぐるみ剥いで行ったという逸話がありますが、実に無防備なところで、泥棒も密通者も出入り自由に思えました。

木村　そういうふうに、オープンにしていた理由はなんなのか、というと、やはりそこに正統な血縁とかいう王の血に対するこだわりが、いわゆる中国が考えるようなかたちではなかったのかもしれないと思うんです。

上野　なるほどね。そう思えば、宮廷のからくりがわかります。天皇家はタテマエは父系制ですけれども、実質、摂関政治は母系制ですね。だから、誰が父かではなく、誰が母かだけが問題なんですね。それで、目からウロコが落ちました。摂関家の娘が妊娠してくれさえすればいいんだ。

木村　そうですね。そこで争っているわけですね。それで、天皇の母であることを根拠に女院などという藤原摂関制度ならではの新たな権力装置が創出されたりもするわけですね。でも密通の問題は、源氏物語を讃えたいような人たちにとっては一番言って欲しくないところですよね。

上野　天皇家のアキレス腱ですものね。

文学と社会学

木村　そここそがアキレス腱なんだよ、といったのが、上野さんもかかわっていらした王権論ですよね。網野善彦さんと宮田登さんと出された『日本王権論』（春秋社、一九八八年）はおもしろかったです。上野さんの「〈外部〉の分節——記紀の神話論理学」（『神と仏——仏教受容と神仏習合の世界』（春秋社、一九八五年）所収）は授業でもよく使っていますし、『構造主義の冒険』（勁草書房、一九八五年）にも外来王の一節がありますが、たいへんに刺激を受けましたね。

上野　古事記・日本書紀の系譜誌を同じように権力の物語として、誰が誰と結婚して誰を出産するかという親族関係のゲームをパズルのように解いたのが「記紀の神話論理学」です。『日本王権論』は網野善彦さんと宮田登さんとわたしの鼎談ですが、その前にわたしはこの論文を書いています。これはレヴィ＝ストロースの親族の構造分析を記紀神話に応用したもので、英文ではエドマンド・リーチの「エデンの園のレヴィ＝ストロース」をパロって、「タカマガハラのレヴィ＝ストロース」とタイトルをつけました。レヴィ＝ストロースは日本びいきの人で、何度か来日して、源氏物語の構造分析を手がけました。それに影響を受けたのが、木村さんのお師匠さんの藤井貞和さんですね。当時はきわめて斬新な試みだったと思います。しかし、わたしの王権論では、結婚と出産どまり、そこに性愛はありませんでした（笑）。妊娠する前にはセックスをしないといけませんから、性愛をすっとばすわけにはいきません。生殖技術なんてない時代ですからね。

木村　そうですね。神話の場合は性愛の部分はカットして組み合わせだけで語ることができますけれども、宮廷物語は一応、ラブストーリーですので、まぐわいよりも恋愛の過程のほうを描いているんです。もちろん男性同士の関係であっても「愛」にあふれていて（「恋愛」だの「愛」だのという言い方は問題ですが）、とりあえず、宮廷物語を性愛抜きでは語れないというのはあります。

上野　王朝の性愛と結婚と出産を、権力のゲームとして読み解くというのは、人類学的にも社会学的にもおもしろいと思いますが、文学テクストに社会科学的な分析ツールを持ち込むことに、文学の保守本流から抵抗はないでしょうか。わたしたちのようないわば文学畑の門外漢にはそういう乱暴なことが許されますけれども、文学者がそういうことをやると顰蹙を買うでしょう？　木村さんがこういうことをおやりになると、保守本流の古典文学研究者から、あれは文学研究ではないとかいう批判は来ませんか。このあたりには興味がありますね。

木村　そもそも藤井貞和がレヴィ＝ストロースでやっていましたから（『物語と結婚』（創樹社、一九八五年）、『タブーと結婚』（笠間書院、二〇〇七年）所収）（笑）。でも、わたしのセクシュアリティに関する論文は、セクシュアリティ論そのものをやっている人がいないということもありますが、どこにも引用されていないと思います。誰も見てないかもしれません。

上野　なるほど、批判ではなく、黙殺ですか。相手にされないというのは、批判よりたちが悪いですね。それともたんに理解できないのかな。わたしのような異業種の人間はかえって興味を持って見ていますのにね。

木村　うれしいですね。とくに、この本はもういっそのこと異業種の方に発信しようというつもりで出しましたから、やはり、ぜんぜん古典を知らないという方から反応をいただいたり、面白いと言っていただくのは、非常にうれしいです。そういう分野横断的な視座を目指していましたので。

わたしが研究を始めたころというのは、文学理論が流行っていた時期で、文学理論というのは文学テクストを読み解くための理論でしたけれども、現代思想とか言語学とかいろんな分野の人たちが共有している枠組みだったので、わーっと学問領域が広がって活気がありました。ですから、セクシュアリティ、性の配置を鍵にすれば分野を超えて交流できるはずだ、というところから始まっているんです。といっても古典文学の保守本流から言えば文学理論からしてダメでしたけれども。

上野　そうですね。文学理論が広まったのは海外文学を専門にしている人たちのあいだからでした。日本文学研究者は、外国語文献を読まなくてもよいと思ってきたふしがあります。あなたのように英文科出身で外国語に強い人材がいなかったのではないでしょうか。

木村　ただ、古典文学がちょっと華々しかったときもあったんです。ナラトロジーや語り論というものがきたときですね。語り論は古典文学の方が断然面白い議論ができるので、これはかなり盛り上がりました。近代文学研究のほうが、『源氏物語』の語り論に学ぶというような姿勢もあったと思います。しかし、それから理論がどんどん進んでいって国民国家論とかポストコロニアルとかにきたときに古典の人たちはいっせいにダメになってしまうんですよね。近代がはじまりました、という話なので、国民も国家もない物語には何も語ることがなかったんです。

上野　だって、『源氏物語』は国民文学だと言われているじゃありませんか。小森陽一さんも言うように、国民文学は近代の産物ですね。

木村　そうですね。それで戦時下で、どこがアキレス腱だったのかという研究が出てきたわけです。『源氏物語』が万世一系の天皇制を根底から覆す部分をかかえているという議論です。光源氏と桐壺天皇妃の密通の子が天皇として即位するところは国民文学として称揚するときの最大の障害ですよね。それで谷崎潤一郎の戦中の現代語訳などでは削除箇所とされたわけです。そうやって源氏物語をすばらしい国民文学だと讃えようとする志向に背理する箇所は、削除というかたちで隠蔽されて処理されたわけですが、それが現在の古典文学研究でもくり返されているといえなくもないです。これと同じ構造にあるのがフェミニズムの議論です。『源氏物語』の性愛はレイプだ、というかたちで、『源氏物語』をある種、貶めるような言い方で研究者の身を危うくするようなところから議論がはじまったので、それに何とか反発しようということもあって、『源氏物語』を何かと貶めるような発言をする理論派が忌避される、あるいは無視されるという図式ができあがってしまったということがあると思います。その後にジェンダー論が入ってきますが、ジェンダー論に関しては本当に不発弾といいますか、ぽんとでたんですけれども根付きませんでした。これらのあとにセクシュアリティ論が入ってくるわけです。

上野　古典研究にフェミニズムがインパクトを与えたのに、なんでジェンダー論が不発に終わってしまったんですか。不思議なのは、まず第一に古典文学の研究者に女性比率が高いでしょう。第二に、『源氏物語』を含めて古典文学の多くは「女の・女による・女のための文学」でしたね。ですから、ジェンダーが関与しないはずがないですよね。たとえば、文学批評理論をもう少し高いレベルでテクスト論としてとらえたときに、フェミニズムが入って古典文学をレイプ文学だと貶めたという言い方をする代わりに、そのテクスト全体がある種の言説的パフォーマンスだと考えれば、別の読み方が可能になります。『源氏物語』は密通物語からはじまって宮廷の裏をかいて最後は六条院でしたか、あそこで裏宮廷を作ってしまうところまで行きました。しかも、女が描く「夢の男」によって。それまでのお手つきの女をすべてそこに集めて老後保障までしてやって。源氏のモデルは藤原道長と言われ、紫式部は彼に批判があったと言いますが、そのモデルを換骨奪胎して、女の夢想を実現したすばらしい裏帝国を作りだしたわけじゃないですか。

木村 そういうふうに読むのは、「レイプ読み」のまるで裏返しのようなものなので、そのような読みは避けられたと思いますね。

上野 誰によって?

木村 保守本流でしょうか。

上野 ふーん。もうひとつ例をあげると、現実を反転して言説レベルで裏帝国を実現したのが、木村さんの本に出てくる女帝物語、女帝のいない時代に女帝を描いた物語ですね。

木村 『我が身にたどる姫君』ですね。

上野 そのままマンガのタイトルになりそうな、素敵なタイトルですね(笑)。女帝のいない時代に女帝がいて、しかも女人成仏ができないとされた時代に、往生をとげるという話です。

木村 兜率天往生してしまうんですね。

上野 そうですね。それも、女性のある種の願望というか、現実の世界ではかなえられない欲望をテクスチュアルに実践してしまったと解釈すれば、すばらしい言説実践と読めます。

木村　そうなんです。そこが『我身にたどる姫君』の面白いところなんです。でも、そこも本流からいうと、「そんなものは仏典にはない」のであって、だから女の書くような二流の物語はダメだということになるんですよね。本流には参入できない。

上野　そもそも、かな文字で書かれたテクストというのは、「女の・女による・女のためのテクスト」でした。それを対象にした研究にフェミニズムとジェンダーが入らないはずがない。なのに、なんで古典研究ではそれがタブーだったのでしょうか？

木村　ジェンダー論は、男女の二分法をいって、虐げられた女を男より上に祭り上げることだと勘違いしている人が多いのかもしれません。レイプ読みが男性支配を断罪するものだとすれば、女はそうして女たちの帝国をつくったというのは、女を上にもっていただけのようにみえてしまう。

それから一番大きいのは、実はほかならぬ源氏物語研究の大家の今井源衛氏が、「女の書く物語はレイプから始まる」（一九九〇年。初出「女の書く物語の発端」一九八九年）という衝撃的なタイトルの論文を発表したことです。女の作者だったから男の暴力に屈する結婚のつらさが書けたんだ、ということをまさに、女の女のための物語ということでおっしゃったんですね。ここが、源氏研究の実は最大の急所かもしれません。源氏物語の注釈などをなさって、源氏物語を読み込んだ専門家がレイプだと言い出したので、参ったなといった感じだったと思います。今井さんというのは『我が身にたどる姫君』の現代語訳もなさっている方で、ほんとうにフェミニスト志向の方だったのかもしれません。けれども、彼のレイプ論に対して激論が交わされることなどはなくて、まともに相手にされなかったです。
それとやはり女性の読み手自身の『源氏物語』を上品に読みたいという思いも強いんだと思います。『源氏物語』のサブカル的なエロ読みと、ハイカルチャーの『家庭画報』的雅な読みとに分けた場合、婦人の結婚物語としても読めるわけですよね。性愛を論じるものは「下品」な読み方で、そういうものを傍流においやって、「家庭」的な「婦人」はまじめに取り合わないという態度を貫くわけです。だいたい、そういう方は紫の上が大好きなんですけれども。光源氏の妻として従順で可愛らしく、嫉妬しないような。

上野 あれは子どもの性的虐待ですよ（笑）。

木村 一応、ちょっと待ってはいますけど（笑）。
『源氏物語』は結婚物語として読める部分があって、性愛をあまりリアルに考えたくないというような上品な人たちは見なくてすむわけです。このあたりは現代の性愛論やセクシュアリティ論にも通じる棲み分けかもしれません。保守本流の人は上品な読み方を提供することで、そうした要求に応えているのだと思います。

上野 解釈の多様性に開かれているというのが古典の古典たる由縁なのかもしれないけれど。テクストがここまであからさまに語っていることを、どうして読まずに済むのだろうかとふしぎです。

木村 もちろん、性愛について論じる議論もありますが、しかし問題は、それがサブカルチャーの様相をていしてしまっていることだと思います。それでは上品派と下品派の二分法を補完するだけのものになってしまいます。性の配置の問題は「上品な読み」というか、結婚にも当然かかわることですから。

ただ、性の配置といっても、決してスタティックな制度ではなくて、物語のなかでのダイナミズムのなかで立ち現れてくるものなんですね。そこを読んでほしいというのがあって、くどくどと引用が増えてしまったんですけれども、そこをぬきにして上から、当時はこうでした、経典はこうでしたっていうふうにやってしまったら、みえてこないものだと思うんです。女帝を勝手に擁立してしまう物語は、当時として荒唐無稽な物語かもしれませんが、どのようにして制度を突破するようなものがたち上げられているのかというのが面白いところだと思います。摂関政治体制の性の配置というと、歴史的事実をいっているようにみえるかもしれませんが、当時はそういう時代だったといって簡単に納得してもらっては困るんです。

上野　木村さんのように、セクシュアリティやリプロダクションのようなテクストにとって外在的な概念をよそから持ち込んで、それでもってテクストを分析的な概念で切り刻もうと思えば可能です。社会学者は平気でそういうことをやるけれども、そのせいで文学研究者からはものすごく貶められます。もうお亡くなりになりましたけれども江藤淳さんから、「あなたは社会学者にしては文学がよくわかっている」といわれました。「社会学者にしては」という枕ことばがつくんです（笑）。あなたの研究に対しても、文学研究者から「社会学的偏向である」、すなわち、文学研究としては二流であると思われることとってありませんか？

木村　わたしはもともとアメリカ文学をやっていて、あとから日本文学を勉強したんです。ですので、あの人は「外国人」だからしょうがないと思われていると思います（笑）。

上野　「ムラの外人」路線ですか。「ガイジン」路線をとると、同調圧力からサバイバルできますが、他方であたかも存在しなかったかのように無視、黙殺されることにもつながります（笑）。

木村　そうですね。もう性愛だの、フェミニズムだのに触れている時点で、研究の経緯をみれば、無視、黙殺は当然といえば当然なんですけれど。ですから、もう仕方がなくて、というわけではないですが、フェミニズムや性愛論などをまっとうに議論している分野の方に読んでもらいたいと思ってやってきました。近代文学をやっていて前近代はユートピアだと思っていた人や、現代のレズビアン／ゲイスタディーズをやっている人たちに、こういう視角があるということを打ち出していくことで、分野横断的な議論に開いていくことが一番望んでいることです。

上野　たしかに。すべてのディシプリンにあてはまりますが、保守本流が守りの姿勢に入ったらディシプリンは痩せていくばかりです。気がつけば、すかすかに空洞化していることになるでしょう。それを避けるには隣接の他の分野にどしどし打って出て、使える道具はなんでも密輸入するくらいの気構えがないと。木村さんがおやりになったように、もとのテクストを読んだこともない他の分野の読者が、ああおもしろいと思えるものをお書きになるべきだと思いますけれども。

テクストのもつ力

上野　「ムラの外人」路線で、ほっといて、好きにやるから邪魔しないでというのもいいですが、保守本流も少しは揺るがしていただかないと。文学理論の使い方にしても、ひとつは概念に還元してめった斬りにしていくというやり方がありますけれども、もうひとつはテクストというものを丸ごと捉えて、テクスチュアル・パフォーマンスそのものが時代の規範を乗り越えていくという、そういうテクストの圧倒的な力をちゃんと評価していくことを文学者がやらなくてどうするんだ、と思うんですよ。それが文学研究者ほんらいの仕事だと思います。

木村　そういうテクストのダイナミズムとか、テクストの言葉を見ていくということが、昨今ますますないがしろにされているように思います。

最近軽い衝撃だったのは、小説を読まずに生きていく人が世の中にはたくさんいるんだという事実を知ってしまったことです。かつてはとりあえず経済学の人も法律学の人も小説は読んでいて、それについて語る場があったと思うんですけれども、いつの間にか小説を読むことが教養のなかから消えてしまったんですね。小説が読まれなくなったときに残ったのは、社会科学的な事実とくっついた言説なんですよね。だから書かれたものが、ある事実に落ち着かないと、あるいはある真実を語っていないと納得できなくなっていて、物語のダイナミズムなんてものにはつきあい切れないというふうになっているんじゃないかと思うんです。で、結論はどうなの?というところだけが聞きたいということなんだと思います。

上野　そうすると、古典文学もただの歴史資料というか分析素材にしかならないということになりますね。

木村　そうですね。

上野　わたしはそうは思わないんですよ。逆のことを思うんです。テクストというものを文学テクストに狭く限定しないで、文字で書かれたものすべてをテクストと考えれば、テクストによって遂行される実践、テクスチュアル・パフォーマンスにはいまでも力があると思います。こういうときいつも思い浮かぶのは、日本ではじめて女性史を書いた高群逸枝さんです。この人は、門外不出の研究生活を一〇年間続け、古代の結婚を何千例カード化して『母系制の研究』(厚生閣、一九三八年)という大著を書いた人です。みんなすごいすごいといって、その元になる史料にさかのぼって点検しようとする人がひとりもいなかったんですが、その本が出てから半世紀後に栗原弘さん(『高群逸枝の婚姻女性史像の研究』高科書店、一九九七年)という若い男性の研究者が、彼女が扱った史料を点検したら間違いだらけだった。間違いだらけどころか、もうこれは、ごまかしとしか思えない改ざんがあるということをばらしてしまったんですね。それで、女性史業界に激震が走りました。高群逸枝さんの大ファンに石牟礼道子さんがいらっしゃいます。石牟礼さんに、高群史学改竄説を聞いてどう思われますかと、お聞きしたら、しらーっとした顔で、「私の高群さんに対する敬愛は少しも変わりません」とおっしゃいました。栗原さんは、たんに改竄説を唱えただけでなく、高群女性史に対して情理を尽くした理解をしておられます。彼は、彼女の日本女性史を「日本女性二千年の鬱屈を晴らすテクストの実践だった」と表現しています。たとえ史料の改竄があったとしても、彼女の女性史はそれ自体、読み手の女性に解放感を与えるテクスチュアル・パフォーマンスとして完結しているんだ、と。そのために高群さんは使えるものなら何でも使いました。皇国史観まで利用して、その結果、翼賛体制にからめとられていったわけですけれども。

木村　研究それ自体もパフォーマティヴな発信なのだという意識は大事だと思います。そこで、文学研究者が何をやるべきかを考えなければいけないと思います。社会学であれば、社会に直接ふれているから自明のことなんだと思いますが、文学だって、社会のなかにあるわけですから無関係ではないはずなんです。文学を芸術として語っていては、実学ではないのだから役に立たないということになってしまいます。源氏物語千年紀がどんなに盛り上がっても、美しさを称揚するだけに終わるのならば、大学で文学部が縮小されるように、結局は捨て去られるだけだと思うのです。人文科学はじゃあ何をするのか、ということを考えたときに、既存の制度にからめ捕られている実学にかかわる人たちに、仮想の、別の視点を提供することなんじゃないかと思うのです。文学研究で、セクシュアリティ論をやることで何がしたいのかというと、やはり脳内革命なんですよね。認識論的転回といいますか。

小説を読まない人がいるといいましたが、それは小説のように組み立てられたものの文脈を読み解けない人がいるということと同義なんです。もはや物語を読み解くというのは、一つの技術といっていいかもしれません。歴史や事実として理解するのではなく、類型化や図式化をするのでもなく、ことばのせめぎ合いのなかでふんばりつづけることで物語から発信できることがあると思うんです。

もう一つ、なぜ古典文学かということですね。近代文学なら、もっとアクチュアルな議論ができるのに、あえて古典文学研究でやるべきことは何か。これについては、西洋文学の分析から入ってきた理論を相対化するために古典はかえってうってつけの素材だと考えています。西洋文学の枠組みと同じような議論が成り立ってしまう近代文学ではなく、折り合いの悪い古典文学だからこそ、それとは違う可能性を提示していくことができると思っているんです。今日は、上野さんに、物語の圧倒的な力を評価することこそ文学者がやるべきことだと言っていただいて安心しました。そういうことを考えたいなら社会学をやればいいじゃないと言われるような議論だったら立つ瀬がなくなりますから。

上野　そのとおりですね。社会も文学も、どんなテクストも新たな読みに向けて拓かれている。だからこそ、研究者はやめられないですね。

（初出：『現代思想』二〇〇八年八月号、青土社）

第6章

そしてみんな風俗嬢になった

×北原みのり（きたはら・みのり）

1970年生まれ。コラムニストで、女性のセックスグッズショップ「ラブピースクラブ」代表。著書に『フェミの嫌われ方』、『ブスの開き直り』（以上、新水社）、『アンアンのセックスできれいになれた？』（朝日新聞出版）、『毒婦。木嶋佳苗100日裁判傍聴記』、『さよなら、韓流』（以上、河出書房新社）、共著に『奥さまは愛国』、『毒婦たち』（以上、河出書房新社）など多数。

上野　北原さんの新刊、『アンアンのセックスできれいになれた?』(朝日新聞出版、二〇一一年)は、雑誌『アンアン』のセックス特集の四〇年をフォローして、そのあいだの日本女性のセックスの変貌を描き出したすぐれた歴史社会学的研究だと思いました。

北原　『アンアン』が創刊された一九七〇年代初め、上野さんは何をされていたんですか?

上野　大学生です。あのころの『アンアン』は、マキシコートにミニスカートを穿《は》いた女闘士が小脇に抱えて、公安のデポ(偵察)をするときのカモフラージュの小道具でした。

北原　カッコいい!　創刊当初の『アンアン』を読むと、信じられないパワフルさなんです。ウーマンリブを誌面で紹介するくらい反体制です。当時の自由な空気を誌面から感じたのですが、実際、あのころの女性のセックスはどうだったのでしょうか。

上野　一九七〇年ごろまではアメリカやヨーロッパも含め、全世界的に保守的な性規範が主流でした。女は結婚するまで処女でいなくてはいけない。男に「童貞でいろ」とはどこの社会も言わないのにね。処女性が女性の財産であり、価値だったの。そういった状況を怒濤のごとく崩していったのが、このころ世界的に沸き起こった性革命でした。わたしたちの学生闘争は政治と性がセットになった闘いだったのよ。

北原　「未来はきっと良くなっていく」「男と女はもっといい関係になっていく」と信じていました

か？

上野　ええ。あのころはそう思えていたわね。性革命というのは、確かにひとつの革命だったもの。規範を侵すという意味でも革命的行為でした。

北原　リブの女たちは、性革命のなかで自由でしたか？　セックスを楽しんでいられた？

上野　リブの女は政治的にラディカルであると同時に性的にもラディカルであろうとしていた。まるで明治・大正時代のアナーキストが自由恋愛を掲げたように。でもその結果、性的に活発な女子学生は男から「公衆便所」と呼ばれて陰で蔑視されていました。性経験が豊かであることは男にとっては手柄になるけれども、女にとってはスティグマ（社会によって個人に押し付けられた負の烙印）になる。そういうジェンダー非対称性が、はっきりとありましたね。

北原　その構造は今もしぶとくあり続けていますね。〝彼氏の前では慣れてないふりをする〟なんてことは、二〇代向けの女性誌では今も伝授しています。いっぽうで、私ヤリマンよと堂々と言う女性も増加中ですけど（笑）。

上野　現在も女性がウブなふりをするというのは、男性が性経験の少ない女に価値を置く傾向があるからでしょう。その理由は明々白々で、「オレを他の男と比べるな」という心理。ここが昔から少しも変わらないのでしょう。

日本のウーマンリブは何を目指していたのか

北原　ところで、私は、日本のウーマンリブが当時何を目標としていたのか、今ひとつピンとこないところがあるんです。

上野　七〇年代に女性解放運動が世界同時多発的に起きたとき、日本以外の先進諸国の女性解放運動の最大の獲得目標は中絶の自由でした。ところが日本ではもともと中絶が容易だった。タテマエは非合法なのに、優生保護法にある「経済的理由」の拡張解釈で中絶へのアクセスが容易な「中絶天国」と言われていました。だから、七二年に優生保護法の改悪で中絶の制限が厳しくなることに反対したのが、日本のリブの運動のピークとも言えるし、運動が法改正阻止に勝利した数少ない例でした。性の解放はリブにとって中心的な課題でした。日本のウーマンリブのマニフェストともいうべき〝便所からの解放〟は、女性を〝聖女〟と〝娼婦〟に分断して支配する二重基準を告発したものです。男たちは女を妻・母向きの女とセックス向きの女に二分する。前者には貞淑を、後者には使い捨ての快楽を要求して。

ついでだから加えておくと、この当時、女を〝玄人〟〝素人〟と呼び分ける言い方がありました。その当時、妻たちがどうふるまっていたかというと「玄人女とならなにをやってもかまわない。素人女と恋愛されるのは困る」。そういう時代だったの。信じられる？

北原　上野さん、そういうことを言う人は、今でもたくさんいます。

上野　……そうね（苦笑）。女にだけ適用される性の二重基準をリブは告発した。リブがラディカルだったのは、この問題の根本に一夫一婦制があるのだということを看破した点ね。
　歴史的にも、一夫一婦制という近代家族と、近代的な性産業は同時期に成立している。一夫一婦制は男がルール破りをすることを前提に作られていた。女を妻・母と娼婦とに分断支配したのは近代という時代。リブの女たちは、一夫一婦制が諸悪の根源と考え、「婚姻制度解体」を標語としたの。あの当時のリブはいちばんラディカルだったと思う。

北原　その後、婚姻制度解体の主張はフェミニズムのなかでも沈静化してしまったのですか。

上野　消えていきました。フェミニストを名のる女たちが雪崩をうって結婚していったから。でもね、この結婚にも理由があるとわたしは思っている。あの当時、男頼みのコンドームという野蛮でプリミティブな避妊法しかなかったせいで、みんなかんたんに妊娠してしまった。日本は婚外子を差別する社会だから、子どもの将来を考えると婚外子にはできないと、シングルマザーにならずに、結婚になだれこんだのよ。

北原　婚外子差別という点でも、社会は変わっていませんね。

バブル時代を象徴する〝きれいな裸〟

北原　一九八〇年、私は小学生でした。近所にセブン・イレブンができ、電子レンジやビデオデッキといった電化製品も家のなかにどんどん増えていく。豊かになっていくのを子どもながらに肌で感じた八〇年代前半でした。後半に入ると日本経済はバブル期に突入。八六年には男女雇用機会均等法が施行されました。若い女の子も元気に遊び回っていた時代でした。

上野　八〇年代の一〇年間、わたしは女子短大の教師をやっていました。ゼミ生の女の子たちが男には言わないホンネをしゃべってくれるから、おもしろかったですよ。男のいるところでは変身する。北原さんはバブルの時代の最後の世代なのね？

北原　そうです。バブル期は、ちょうど大学生でした。

上野　そのころの女の値打ちは、性的にアクセスできること、美貌、そして若さ。女性性資源を持っていた人たちは、女を武器にしておもしろおかしく過ごせた時代よね。

北原　若くてかわいければ、女の人はお金を払う必要もなかった時代。いい思いもたくさんしたけれど、そのぶん美醜差別にもさらされ、年を取るのが怖かった。ハタチの私は、二五歳になったらもう終わりだ、なんて思っていたもの。

上野　当時の若い女性は自分の値打ちが年齢で測られると思っていたはず。女に賞味期限があるってことを自覚していた。その賞味期限はすごく短いということも。

北原　だから怖い時代だったな、とも思うんです。けれど私は、バブル時代の女性の自己肯定感は大好きなんですよ。バブル女がいなければ、世のなかつまらなかったはず。たとえば九二年、『アンアン』で「きれいな裸」という読者ヌード特集がありました。〝男のためではない、自分自身のためのヌード〟というもので、篠山紀信さんが読者の裸を撮影しました。私は、今この特集を見ても胸を衝《つ》かれるんです。女性たちが、明るく前向きに裸になっていて。

上野　「若くてきれいなうちに」「私自身の記念に」「裸になって人生を変えたい」。そう言って裸になった。北原さんはこれを肯定的に捉えるけれど、そんなに無邪気なものかしら？

　わたしは当時この特集を見て、なんて古いんだろうこの人たちは、って思った。ばっかじゃない、裸になるくらいで人生変わるかよ、って。裸になれば自己実現ができるの？　裸ってそんなにすごいの？　裸になれば何かを超越できると考えるなら、それは性を特権化する考えだから、かえって保守的に感じてしまった。

　彼女たちはヌード写真で自分のボディを商品として市場に差し出したわけではないし、確かに男の欲情のためではなかった。では何のためかというと、他者の視線によって満たされるナルシシズムのため。女の体は相変わらず〝視《み》られる身体〟であるということを示していたにすぎない。

北原　……ごめんなさいっ！　と言いたくなります（笑）。確かに裸になったくらいで人生が変わるとは思えないし、脱げば自分が何か達成したかのような気になるというのは、古い価値観の裏返しなのかもしれない。でも私にとっては〝ポルノではない女の裸〟というだけで新鮮でしたね。しかも当時最も売れている雑誌で、本名を出してヌードになる。これ、今の時代でできますか？　裸になることにスティグマを感じなくていいんだ、自分の裸は男の性的な対象ではなく自分のものなんだ、というリブそのものの発想だって、私は思いました。私も応募したかった！

不況に突入。象徴的だった〝東電ＯＬ殺人事件〟

北原　九〇年代初めにバブルがはじけ、時代は変わります。

上野　「援助交際」という言葉が出てきたのもこのころ。九〇年代に東京都が男性の買春調査をしたことがあります。その調査では、当時、対価を払うセックスの経験率が最も高かったのはなんと三〇代男性だったんです。若いでしょ。

バブル期には、四〇代以上のオヤジたちがバンバン札びらを切りながら、海外旅行や高級レストランに女子大生たちを連れて行っていた。当時はその用語がなかっただけで、考えてみればこれも立派な援助交際なのよね。援交はバブル時代からすでにあったというわけ。

バブル期に女の子と遊べなかった三〇代のミニオヤジたちが始めたのが、不景気になってからの女子中高生を相手にした援助交際でした。中高生相手なら、フランス料理じゃなくてラーメン一杯でいい。ブランドもののバッグじゃなくて、財布ひとつ買ってやればいい。

北原　面白いのは、バブル世代の女性は今でもおじさんをあまり嫌わないこと。いっぽう援交世代の女性はおじさん嫌いが多い。おじさん嫌いってことは、社会嫌い。そういう意味では、フェミ的な気持ちは援交世代のほうが強い。

テレクラやダイヤルQ2が流行したのも九〇年代前半ですね。遊び半分の子もいたけれど、「お金が欲しい」という明確な目的のために、本気で電話する女の子たちもたくさんいた。

上野　使用済みパンツを売るブルセラだって割のいいバイトだもんね。このころからいわゆる素人と玄人の境界がなくなっていき、お金を受け取ることのスティグマがどんどん減っていった。とはいえ、援交世代の女性たちが「あたし、昔、援交やってたのよ」なんて堂々と口にするとは思えない。やっぱり世間には隠さなければいけないスティグマなのよ。親バレを怖れて、親には絶対に言わないでしょう。たいてい、そういう子たちは過去を消して堅気《かたぎ》の結婚生活に入っていくというのがゴールになっている。

北原　お金を受け取ることのスティグマは減っても、性的に活発であることのスティグマは消えない？

上野　ヤリマンが堂々と言えるかどうか、ね。

北原　この時期の象徴的な事件と言えば、九七年の東電ＯＬ殺人事件です。

上野　北原さんは東電ＯＬの気持ち、わかる？

北原　いいえ。知れば知るほど、わからなくなります。有名大学を卒業して東京電力という大企業に総合職として勤めるエリートでありながら、渋谷の路上で立ちんぼをやっていた女性。はじめ私は、「ガラスの天井」（組織のなかで女性の昇進を阻む見えない障壁）にぶつかり社内で成功できない悔しさを、女として誰かに求められることで埋めようとしたのかな、というふうにも思いました。でも、資料を読むほど、どんどん彼女が見えなくなってくる。男性客に対して経済論を語り出したり、ＳＭクラブに勤めてた時はお金のことでオーナーとケンカしたり、彼女は何がしたかったのでしょう。

上野　東電ＯＬには共感する人とそうでない人とに二分される。これは、学歴も年収もプライドも高い、一流会社に勤める女性ですら、女性的な承認欲求からは逃れられなかったという事件で、そこが象徴的だった。

北原　彼女の売春の動機は本当に承認欲求なんでしょうか。東電という男組織から逃れ、個人として主体的に自由に動いているような面もあったのではないですか。性欲と解放感を味わっていた面もあったと私は思うんです。

上野　わたしには彼女の行動が性欲から来ているとはとうてい思えない。男や男社会に対する憎悪があると思う。自分に承認を与えない男に対する憎悪から、売春をする。彼女にとってそれは復讐のようなものでしょう。東電ＯＬに共感した人たちは彼女のなかに自分を見ていた。それは、個人としての達成と、女としての達成、このふたつを両立しなければ一人前とみなされない社会のなかで引き裂かれる女の苦しみだと思う。

東電ＯＬは女を降りられなかったのよ。女としての承認欲求に苦しめられた。誰かに認められたいという承認欲求は、自尊心です。ただ女には人間としての承認だけじゃなく、〝女として〟の承認が必要になってしまう。そして女の価値は、男が与える価値に依存している。この事件からもう一四年が経ったけれど、はたしてこの時代はちゃんと過去になったと言える？

北原　言えないですよね。男性優位の組織論はびくともしませんし。

女を降りれば、ラクになる？

北原　「東電ＯＬは女を降りられなかった」という話で思いだしたんですが、この前三〇代の女性に言われたんです。「四〇歳にもなってまだセックスしたいとか言って、若づくりをしている女の人って、イタいですよね」って。私、喧嘩でも売られてるのかなと思いながら聞いて（笑）。「女でいるの、なんで降りないんですか？　降りたほうがラクじゃないですか」って彼女、言うんです。いつまでも男の性的対象であり続けようとするのは、逆に女にとって息苦しいんじゃないか、と。

上野　うん。それはわかるわよ。

北原　わかります？　私は、降りるだの降りないだの、そんなこと自分の意思でできるものじゃない気がして。そもそも自分で乗ったものでもない。それに降りるって行為さえ、男の性的な目線を意識している気もするし。

上野　以前、摂食障害の女性が「三〇歳を過ぎたら男性の視線を意識しないですむようになって食べられるようになり、摂食障害から回復した」という話を聞いたことがある。彼女は女を降りることで自分を取り戻した。女を降りたほうがラクな場合もある。

最近、更年期障害の治療法としてＨＲＴ（ホルモン補充療法）が出てきたでしょう。膣が潤って性交痛は低下するが、乳がんリスクは高まる。自分の健康を危険にさらしてまで、男につごうのいい女をやるのか、とわたしはあきれたのだけど。

北原　私は更年期になったら、ＨＲＴをやるつもりですよ。乳がんに関しては、病院に行けばいいと思います。むしろホットフラッシュなどの更年期症状が辛かったら、改善すべきです。膣がカサカサになる辛さを知人からリアルに聞くと、やっぱり薬を飲みたいと思う。それは男にウケるためではなく、自分のためです

上野　ふ〜ん……。更年期のさまざまな体の変化は、病気じゃなくて自然な変化の過程なんだけれどね。そんなら死ぬまでやんなきゃいけない。

北原　私はＨＲＴを自分のためにすると信じているけど、フェミニストでいるためには、いつも「これは本当に私の欲求なのか」ってことを疑い続けて確認しなきゃいけないから、頭がおかしくなりそう。フェミはときどき、「正しすぎて」辛い（笑）。

二〇〇〇年代、そしてみんな風俗嬢になった……⁉

上野　日本社会もなしくずし的に性革命を経験し、セックスのハードルがどんどん下がった結果、「なんだ、愛がなくてもセックスできるじゃん！」とみんなが気づいた。それが性と愛の分離。

それまでは長きにわたって「愛のないセックスなぞしようものなら女の人格は損なわれる」とか、「性的に自由な女は、すなわちふしだらでけがれた女」という性＝人格説がまかり通っていたのだけれど、これがなくなった。

愛のないセックスは、やってみたら簡単だった。複数恋愛だってやってみたらできてしまった。夫以外の男とセックスしたって、家に戻れば平気でまた夫とやっちゃえる。こういう調査結果もあります。

北原　ところが、そんな社会への反動なのか、九〇年代後半以降の『アンアン』は「愛のあるセックスをしよう」ということを言い始めるんです。『アンアン』のセックス指南は二〇〇〇年代にかけてどんどんエスカレートし、どうすれば男が喜ぶか、という視点からテクニックを伝授しようとする。手とり足とり、懇切丁寧に。愛は技術だ、って断言してますからね。

上野　二〇〇〇年代は、そしてみんな風俗嬢になったってこと？　北原さんの本を読んでクラクラしちゃったわよ。セックスのハードルがうんと低くなったかわりに、今度はベッドでサービスをしないと女は男にウケなくなってしまったのか、と。しかもハードルが下がった分、今度はセックスを拒否できない。男女関係は、この四〇年間で好転するどころか……。

北原　ある大学での調査結果なんですが、今の若い女性の多くが、彼氏に「避妊して」って言えないというんです。その理由が、「愛してるから」。

さらに興味深いのは、セックスフレンドとの愛のないセックスでは「コンドームつけろ」って、女の子からちゃんと言うらしいんです。愛がなければそれが言える。愛が邪魔になるってどういうこと、って話です。

上野　愛という言葉で粉飾されているけど、男に気に入られようとしてってことでしょ。男の好みは今も変わらず、尽くす女、言うことを聞く女、自分につごうのいい女。だからそれに合わせる。悲劇ね。

北原　二〇〇〇年代に『アンアン』を読んでいた二〇代は、ロストジェネレーション世代です。今の三〇代ですね。私のお店には、三〇代前半のお客さんがなぜか少ない。たまに来ると、彼女たちはバイブは買わずに、膣を鍛えるトレーニンググッズばかり買っていく。ロスジェネ世代の女性って、すごく真面目で頑張り屋さんなんですよ。「自分が気持ちよくなりたい」じゃなくて、「彼氏を喜ばせたい」って言うんです。

上野　セックスでも努力するのね。

北原　ロスジェネは愛に真面目で保守的です。

上野　保守的、ねえ。わたしたちの世代は、高度成長期に思春期を過ごした人間なので、やっぱりその時代のエートスを人格形成期に受けていて、メンタリティの基本に楽天性がある。わたしたちは、少なくともわたしは、女にとって何よりも大事なものを「自由」だと考えた。そのなかでも性的な自由ほど大事なものはない。一夫一婦制が諸悪の根源ということを思想として宣言したのはフェミニズムだけよ。

それなのに、後続の世代をみると、やっぱり結婚になだれこんでいく。そして結婚するときに、自分の性的な自由をみずから契約によって放棄していく。わたしにはどうしても理解できない。

北原　一夫一婦制を否定した後の、性の自由のいちばん重要な概念はなんですか。

上野　自分がしたいときにしたい相手としたいセックスをする権利。したくないときにしたくない相手としたくないセックスをしない権利。そしてどちらの権利を行使してもどんなスティグマも受けない自由。それが自由の基本でしょ？

（初出：『kotoba』二〇一二年冬号、集英社）

第7章

「セクハラ」が社会を変えた

×牟田和恵（むた・かずえ）

1956年生まれ。大阪大学大学院人間科学研究科教授。専門は歴史社会学、ジェンダー論。著書に『戦略としての家族』、『ジェンダー家族を超えて』（以上、新曜社）、『実践するフェミニズム』（岩波書店）、『部長、その恋愛はセクハラです！』（集英社新書）。共著に『知っていますか？　セクシュアル・ハラスメント一問一答』（解放出版社）、『セクシュアル・ハラスメントのない世界へ』（有斐閣）。編著に『家族を超える社会学』（新曜社）、『ジェンダー・スタディーズ』（大阪大学出版会）など。

「男目線」のセクハラ

上野　牟田さんが『部長、その恋愛はセクハラです！』（集英社新書、二〇一三年）という大変おもしろい本をお出しになりました。これまでの論文で牟田さんの研究者としての力量は高く評価しておりましたが、一般読者向けの文章力までおありだということを改めて認識いたしました（笑）。この本は牟田さんのねらい通りに読まれたのでしょうか。

牟田　おかげさまでご好評をいただいています。例えば、自治労（全日本自治団体労働組合）の幹部研修での必読テキストとしてまとめて購入していただいたり、東京のある区役所の各課に置いてあるという話も聞きました。メディアの取材もいろいろありました。これまでセクハラを考える際に男性の立場に立ったものがなかったために、この本が新鮮だったというふうに伺っています。

文体のことで上野さんにお褒めいただきましたが、実は大分改稿しているのです。最初は固い感じでしたが、編集者の方に「男を責めるのはダメです！」と言われ、上野さんの『男おひとりさま道』（法研、二〇〇九年／文春文庫、二〇一二年）を熟読いたしまして、文体を学びました（笑）。

上野　ありがとうございます（笑）。フェミニスト研究者はたくさんいますが、読者の裾野を増やす才能があることはとても大事なことなので、またひとり芸域の広いフェミニストが誕生したこと

×牟田和恵

は大変うれしいです。
牟田さんのお話ですと、ねらい通りの正しい読まれ方がされているわけですね。セクハラというのは決して被害を受ける女性問題ではなく、リスクグループとして加害者になる可能性の高い男性問題であると。そこで、男性読者をターゲットにするために、男性のバリアを低くして読んでもらうというねらいがその通りに当たって、読者に届いたという実感をお持ちでしょうか。男性諸氏からは具体的な反応はありますか。

牟田 はい。いろいろ伺っています。

上野 「オレのふるまいはセクハラだったのか」と、読んで初めて気づいて、「目からウロコだった」みたいな反応はありますか。

牟田 そういえば、勤務先の大学に電話がかかってきて、「男女の対立を煽るような本はけしからん」と言われたことがありました（笑）。

上野 こんなにやさしくて親切な本なのに（笑）。「武闘派フェミニスト」として知られていた牟田さんにしては、噛んで含めるような男にやさしい本で、「これでわからなきゃおまえは日本語の解読能力がない」というくらいです。

牟田 私がこれを出したときの一番の懸念は、「男に甘すぎる」と言われるのではないかということでした。あとがきにも書いていますが、「確信犯の悪質なハラッサーのケースがほとんどなのに、タチの悪いハラッサーをかばっている」という批判・非難が、セクハラ問題の活動を一緒にやっている仲間たちからあるのではないかと思っていたのです。しかしそれはなく、「男性はこういうふうに気づかないのだ」ということがわかってよかったと聞きました。広告代理店に勤めていたという女性からはこんな感想がありました。クライアントの男性と接待で食事をすると、しょっちゅうその後で「ホテルに行こう」まであからさまではなくとも、プライベートな誘いを受けて、彼女はすごく嫌な思いをしていた。それがこの本を読んで、接待だから、クライアントだからと自分が持ち上げていい雰囲気を作っていたのを、男性は個人的に好意を持たれていると思っていたのだなとわかった、と。

上野　牟田さんは、男性理解者として書かれています。職業上や立場上のさまざまな配慮を個人的な好意と取り違える天才が男という生き物です（笑）。男は自己中ですからね。ナルシシズムが男の核心みたいなものです。その生態を知ることで、女性にとっても効果があったということですね。

牟田　逆に言えば、女性も案外ナイーブなのだなと思いました。感じよく、相手に気を遣って、「女らしい」振る舞いをしてうまくやろうとすることが「好意を持っている」といった誤解を生んで受け取られることを知らない。プロとして仕事をしている、という女性の意識がそれに気づかせないのでしょう。もちろん、それでいい気になる男性のほうが悪いのですが。

セクハラ、DVという「獲得」

上野　牟田さんは、日本で最初のセクハラ裁判である福岡セクハラ裁判（一九八九年提訴）から今日に至るまで、この二四年間の日本のセクハラの歴史を一番よく知っている方です。ご自分が関与なさったケースだけでなく、多種多様な事例をよくご存じです。本書ではその経験がムダになっていない。あれだけ苦労なさったのですから、たまにはもとを取らないと（笑）。事例のディテールとか、「なるほど、こういうことがあるのか」という発見とか、学んでこられた経験がよく生きていると思いました。

牟田 裁判にかかわったり、あちこちでセクハラ事案の調査委員になったり、いろんなケースをずっと見てきました。この本を書いた動機の一つは、その経験のなかで、セクハラをしたとされた男性が、自分のしたことの何が悪かったのかがわかっていないケースが多々あったことです。処分された後でもまだわかっていない。そのために反省もしてないし、「自分は何も悪いことをしていないのに」と処分をすごく恨みに思う。それに、問題の処理にあたる部長や人事課長なども実はあまりわかっていない。大学や企業がセクハラを問題として取り上げるようになりましたが、ピントの外れた形式的な対応になっている場合も多いです。

上野 おっしゃることはよくわかります。わたしも大学でハラスメント防止委員に任命されました。一時期大学のセクハラ対策で女性教員が総動員体制になったこともありました。調査委員になったときには、煩瑣な手続きをもとに証拠をあげながら、膨大なレポートを出しても、守秘義務があるから業績リストには載せられないとか（笑）。こんな時間とエネルギーを使ってわたしは何をやっているのだろうと思ったものですが、牟田さんにとってはその経験はムダにはならず、転んでもタダでは起きなかったんですね（笑）。

セクハラはドメスティック・バイオレンス（ＤＶ）と並んで過去四〇年のフェミニズムの歴史の

なかで特記すべき成果の一つでした。かつてはただの「いたずら」とか「からかい」と呼ばれたものが不法行為とされ、それを禁止する法律までできたのですから。一九九八年の男女雇用機会均等法（均等法）の改正（一九九九年四月一日に施行）ではセクハラの防止と対応が使用者の義務となりました。その過程で大きな変化がありました。八九年はセクハラが流行語大賞になった年です。データをチェックしたことがありますが、八九年を境に訴訟件数が増え、また勝訴率も高まっています。賠償金額も上がりました。「セクハラはやるとソンをする」という常識が職場に拡がったわけです。使用者側のリスク管理は以前だったら加害者を守るほうだったのですが、今では加害者を処分するほうが組織防衛には有利というほうに変わった。その変化をつぶさに見て来られた牟田さんの目から見て、日本の企業及び社会におけるセクハラ認識の変化をどのように思われますか。

牟田　上野さんがおっしゃったとおり、企業の側もそういった問題をあいまいにしたり握りつぶしたりしたら、まずいことになるという認識が出てきているとは思います。一方、例えば、先ほど例に出した広告代理店に勤めていた女性も、クライアントからのセクハラが嫌で会社を辞めたとおっしゃっていました。水面下では、訴訟どころか問題化することも諦めて、会社を辞めてしまうケースのほうがまだまだ多いのだと思います。また、この本の取材を某週刊誌の男性記者からされたときに聞いたことなのですが、「女性の側がセクハラと言えば、上が慌てて男のほうを処分して、非常に不合理な男性の側へのハラスメントという事態も起きている」というのです。そこでその話をよくよく聞いてみたのですが、つまるところ何がトラブルかがわかっておらず臭いものには蓋という感じでぱっと切ってしまう。それで不満を残してしまっているのです。それは女性側にも不本意だと思います。

上野　ある程度の認識の共有が成り立てば、必ず揺り戻しも出てきます。東京都の地下鉄に登場した「痴漢は犯罪です」っていうポスターは、感動的でしたね。ああいったポスターが出るようになると、直ちに痴漢冤罪説が唱えられるようになりました。セクハラに関しても女が騒ぎすぎると文句をつける人がいますが、やはり火のないところに煙は立たないので、たんなる風評被害ではありません。根拠があるからこそ女性は告発に踏みきっています。セクハラ告発は今でも女性のほうが相当のダメージを覚悟しないと声を上げられないのが実状です。男を貶めようという理由だけで、そんなに軽々しくセクハラ告発をできるものではありません。揺り戻しが起きるのは、セクハラに関する認識が拡がった反動ですね。

　この約二五年の変化は大きかったとお感じになりますか。

牟田　そう思います。

上野　女性がセクハラ男に対して「イエローカード!」と言える武器を手にしたわけですからね。均等法は実効性がないと評判が悪いのですが、一九九八年の改正均等法におけるセクハラの予防と対応の使用者責任原則の影響は非常に大きかったということを、わたしは肌で感じています。というのも、使用者の側がセクハラは「私人間《しじんかん》のプライバシーである」とほっかむりできなくなったので、企業のセクハラ研修ブームが起きました。研修の講師で潤った人がけっこういます（笑）。

牟田　「セクハラ産業」と言われました（笑）。

上野　牟田さんは改正均等法に効果があったと思いますか。

牟田　非常にありました。大学でもそれまでは、「セクハラ防止やセクハラ対策をしたらウチの大学にセクハラがあると言っているようなものだ」と言われていました。ですから、とても対策などはできなかったのです。

大学の対策とネットワークづくり

牟田　そこで、「キャンパス・セクシュアル・ハラスメント・全国ネットワーク」（以下、「キャンパスセクハラネット」）を作りました。「どこでもやっているのだから、ウチでもやらないと遅れたことになる」という雰囲気を作るためです。でも、均等法ができ、それと同時に人事院規則もできて、文部省から「大学も対策をやれ」と言ってきた。そこで大きく態度が変わりました。

上野　改正均等法の効果は、セクハラ研修の対象者が女性社員からリスクグループである男性社員に変わったというドラスティックな変化でした。

今、「キャンパスセクハラ全国ネット」のお話が出ましたが、今もかかわっておられますか。

牟田　ネットワークですから役員などはいないのですが、地域代表者の連絡会議に出たりしています。この間も九月の初めに、福岡で第一九回の全国集会を開催しました。中心のひとりとして動いています。

上野　そういう民間の団体が女性の大学教員によって作られたのは大きいです。セクハラに関して大学が特権的な聖域であったわけではなく、そこもまた女の働く職場であったことがはっきりしました。

今から思えば、牟田さんがおっしゃったように、あのとき各地の大学で「ヨソもやっていますから、ウチもやろう」という雰囲気作りをしたことは重要でした。とりわけ効果があったのは、セクハラ対応の「大学別通信簿」ですね。わたしが働いていた東京大学は、なぜだか誰にも頼まれないのに世間のトップを走らねばならないと自認しておられる方の集団で（笑）、通信簿をもとに「ここが欠陥です」と指摘すると、「東大が作るからには全国のトップモデルにならないと」ということで事がうまく運びました。その結果、部局のトラブルを部局で処理しないという原則をもとに、部局を超えた対応の組織を作りました。また、防止委員会を学内で閉じず、外部委員を入れました。この二つの非常に大きな原則を通してしまったのです。「こんなにうまく通るの！」と驚いたくらいです。

牟田　今では割と標準モードになっていますが、当初はすごく画期的でした。

上野　セクハラは不祥事ですから、外の人に知られること自体が組織リスクだと思われていたのです。あの当時、外部委員にカウンセリングの専門家と法律の専門家を入れるというので、河野貴代美さんと角田由紀子さんのおふたりを招いて日本最強の陣容を作りました。「ほめてのばす」やり方ですね（笑）。

牟田　渡辺和子さんがご存命のときです。あのとき早い時期に九州大学で、人事院が作っているものそのままの焼写しみたいなかたちで、ほんとに形式的な対策を作った。他の大学がそれを真似しようとしたので、「これが拡がってはいかん！」と、大学別通信簿を作ったのです。

上野　東大も当初のプランは部局ごとに相談窓口を置き、その相談員が教員だったり学部長だったりしました。とんでもないですね。学部長なんて一番ハイリスクグループです。そんな相談窓口にセクハラ相談に行く被害者なんていないでしょう。

ハラスメントの実態と解釈の拡張

上野　セクハラの問題化の過程で、フェミニズムの特記すべき成果の一つは、実践現場と研究者のあいだで非常に幸福な協働ができたことです。その歴史はぜひこの対談で残しておきたいと思います。今、渡辺和子さんのお名前が挙がりましたが、これも歴史に残しておきたい名前です。「キャンパスセクハラ全国ネット」の創設者です。その前の段階で、「セクハラ」という概念を日本に持ちこんだのが「働くことと性差別を考える三多摩の会」（略称「三多摩の会」）です。その際、フェミニストのアクション・リサーチ、つまり問題を発掘し、解決するためのリサーチを現場の女性たちと研究者が協働して実施しました。火のないところに煙は立たないのですが、煙が見えないところにちゃんと火があることを明らかにしたという大きな役割を果たしましたね。

牟田　福岡セクハラ裁判のときも、原告をはじめとしたさまざまな方の努力で勝つことができました。そのなかで大きかったのは、「三多摩の会」が『女六五〇〇人の証言』（学陽書房、一九九一年）としてのちに出版もされた大規模なアンケートを行ってそれを証拠として裁判所に出したことです。セクハラがあちこちで起こっていることを証言したことはすごく大きかった。

上野　まず実態を明らかにすることからスタートしなければなりませんでした。待っていてもお役所はやってくれませんから。

牟田　実践と研究のジョイントということを上野さんがおっしゃいましたが、福岡セクハラ裁判のもう一つの成果は、裁判は福岡であったにもかかわらず、東京の「三多摩の会」の女性たちや大阪の「性暴力を許さない女の会」といった方々がいつも傍聴に来てくれて、あの裁判を支えてくれたことです。「三多摩の会」は、今は会としてはなくなりましたが、それに関わってこられた方がフェミニスト・カウンセラーほかいろいろなかたちで今活躍されておられます。「性暴力を許さない女の会」は今でもずっと続いて活動していて、メンバーは職場や大学でカウンセラーをやったりしていますし、性暴力禁止法を作るネットワークの中心になって動いている方もいます。福岡の地元で支援を担った女性たちもいろんなところで活躍しています。

上野　裁判所に持ちこむ前の段階でそれだけのネットワークができていたというのは財産ですね。また、元大阪府知事の横山ノック裁判の経験も大きかったです。福岡セクハラ裁判で勝訴したことの歴史的な意義は、セクハラは身体的な接触と思われてきたものが、言語的な暴力も含まれるとされたことです。ここからセクハラやＤＶの定義が身体的・精神的・経済的と拡張解釈されていきました。言語的な差別や人権侵害もハラスメントになるという判例を獲得したことの意義は大きかったですね。その分、立証も難しかっただろうと思います。

牟田　そうですね。先程述べた今年の福岡での「キャンパスセクハラネット」の全国集会では、鑑定書を書かれた林弘子さん、弁護士の原田直子さん、角田由紀子さん、それに支援の会メンバーだった人たち数人も来ておられて「二五年目の同窓会みたいだね」って言っていたのです。あれに勝つと負けるとでは、本当に大きな違いだったと皆でしみじみ話しました。

上野　最初の頃は裁判官の無理解などいろいろな問題もありましたが、法廷も徐々に変わっていきましたね。横山ノック裁判のとき、支援グループの方が言っておられたことは、「とにかく原告を支えるのが第一」ということです。原告は周囲からありとあらゆるバッシングを受けます。原告が折れたら訴訟は成り立ちません。そういうご苦労もずいぶんなさったのですよね。

牟田　裁判の歴史のなかで、だんだんと支援の会の役割ということが学ばれてきたと思います。

上野　もう一つお伺いしたいのは、秋田セクハラ裁判のことです。セクハラを午前中に受けた被害者が普通に昼ごはんを食べたというだけで、「何ともなかったのだろう」と裁判長が判断したという。あのときにはフェミニスト・カウンセラーの河野貴代美さんが意見書を書いて、それが大きな効果を持ちました。トラウマ的な経験を持つと、時に「解離」や「否認」が起きるだとか。それが一つ一つ司法に対する教育効果を持っていきました。本当に地道な積み上げです。

牟田　この本でもそういったことを繰り返し書いたつもりです。それほどトラウマティックなことでなくても、被害に遭ったことを女性自らが「気にしないようにしよう」「なかったことにしたほうがいい」とする。しかし、それが積み重なっていくと、とてもそれではすまず、「セクハラだ」と言い出すことになる。すると、加害者や周囲の人たちは「これまで何も言ってなかったじゃないか！」とあたかも女性の訴えが不当であるかのように言う。でも、裁判の積み重ねのなかで、セクハラや性暴力はそういうものだということが少しずつ理解してもらえるようになってきました。それがすごく大きな獲得だと思います。ただ、性暴力犯罪の判決で女性の証言が信用できないとして最高裁で無罪が出てひっくり返るのが近年続いているのを見ていると、まだまだだと思いますが。

セクハラから「〇〇ハラ」へ

上野　セクハラの申告件数（reported case）はどういう推移をしていますか。

牟田　労働局雇用機会均等室に寄せられているものは、やや減少傾向です。ですが相談件数全体の約半分を占めるのは変わりません。

上野　東京大学の相談室では相談件数が順調に増えています。セクハラ件数というのは、申請件数であって実態の反映ではありません。セクハラ研修にわたしも講師として呼ばれることがありますが、「相談窓口を開けても相談に来ないのは、セクハラがないと喜んでいる場合じゃない。相談件数はあなたがたの相談窓口に対する信頼度のバロメーターなのだ」と言っています。順調に伸びているのは、信頼度の反映ですからいいことだと思います。

相談件数の現状をどう見ておられますか。

牟田　私がよく知っているのは大学の相談室ですが、きちんとした窓口を持って、ちゃんと解決能力を持っているところもあります。しかし他方で、ホームページなどにセクハラ防止規定などが書いてあるのに、相談窓口がどこにあるかわからないというケースも珍しくはありません。

上野　わざとわかりにくくしているのかもしれませんね。

セクハラ相談窓口を開いてみると想定外の相談が寄せられました。蓋をしていた臭いものが出てきたのです。とても「東大らしい」のは、ストーカーがどんどん表に出てきたことです。最初に予期して対策を考えていたのは、権力関係のもとでの望まない性的アプローチという典型的なケースでしたが、相談をみていくと学生間のストーカーがやたらと多い。そのためにストーカー防止委員会を別途立ち上げなければならないところまでいきました。また、性的でないハラスメントが膨大に出てきました。教職員のあいだの賃金差別や昇進差別などです。そういう相談をセクハラ窓口に持ってこられたとき、「それは性的でないから受け付けられません」と玄関払いはできないですよね。

セクハラがフェミニズム運動のなかで特記すべき成功例だと言ってよい成果を獲得した根拠の一つは、男もかばえないような疑問の余地のない破廉恥罪であると一点突破できたからです。そこからいろいろな臭いものの蓋を開けていくと、パワハラやアカハラ（アカデミック・ハラスメント）が出るわ出るわです。モラハラ、マタハラと今や多様化して、「〇〇ハラ」は使い勝手のいい言葉ですが、逆に裾野が拡がってよく見えなくなった。「何でもかんでもハラスメントかよ！」という反発も来るようになりました。こういった現状をどう見ておられますか。

牟田 それは上野さんがさっきおっしゃったように、揺り戻しだと思います。それだけ使い勝手がよく、インパクトがある概念だからこそです。セクハラは法的な定義がありますが、パワハラやアカハラにはありませんので、扱いがすごく難しい。しかし、セクハラとして出てくるもののなかに、パワハラやアカハラの要素が全くないということはほとんどありえません。

上野　アカハラに関して言いますと、それだけ大学という職場に女性の参入が増えてきたという証拠だと思います。いろいろなケースを実際に見ると、アカハラとセクハラが非常に密接に関連しているケースが多いです。

牟田　パワハラに関しては、もはや性別は関係なく、職場での男同士の関係も多いですね。性的な要素があろうがなかろうが立場を脅かされることがある。性的な要素がある場合は、法律もありますし、扱える可能性が若干大きいですが。

上野　概念の使い勝手がよかったために、最近のマタハラにまで繋がっていますね。曽野綾子さんの発言（『週刊現代』二〇一三年八月三一日号）にあるように「女性は出産したら（仕事を）お辞めなさい」というのは、職場で言えばただちに「イエロー・カード！」のセクハラ発言です。ほんの少し前まで、医学部の男性教授などが、「女はウチの医局に来るな」とか公言していましたね。工学部の先生にもすごいのがいましたよ。「出産したら女はバカになる」って（笑）。こんなことを堂々と公言していた時代があったとは。それがほんの数十年前だとは信じられません。

牟田　しかも今でも根強くいるのですよ。

上野　法律が変えられるのはタテマエだけで、ホンネは変えられませんからね。オヤジのホンネは変えられなくても、「ふるまいと口には気を付けろよ！」と言えるようにはなりました。橋下徹大阪市長に言ってやりたいですね。この四半世紀で、男性医師が「ウチの医局に女はいらん」と言ったら、研修中の男子学生が「先生、それはあんまりではないですか」と抗議する、それくらいには変わりましたね。

牟田　マタハラも同じようにセクハラで言われてきたような「ホンネ」が言われているのでしょう。それが、改めて「マタハラ」という言葉のおかげでまざまざと浮かびあがってきている。これにはすごく大きな意味があります。

上野　社会の常識も変わりました。曽野さんの発言は、職場で上司が言えば完全にセクハラでアウトです。

牟田　マタハラだと浮かび上がったおかげで、今水面下で「辞めるしかない」と思っている人たちが「こんなこと、おかしいんじゃないか」と気が付き出す。今はそういう動きになっているのではないかと思います。

ハラスメント社会に際して

上野　セクハラの違法化がフェミニズムの特記すべき成果といえば確かにそうにはちがいありませんが、これまでの歴史を見ているとモグラ叩きの徒労感もあるのです。セクハラ、マタハラなど何にせよ、問題が発覚してから「けしからん」と対応に走りまわっているわけですね。少なくとも「けしからん」と言える根拠はできたけれど、ハラスメントを生む土壌はこの四半世紀に変わったかどうか。先ほど水面下では変わっていないとおっしゃいましたね。

牟田　実際、均等法で事業者に対するセクハラ防止対策の措置義務の規定ができたとはいえ、禁止法は今もないわけです（人事院規則では禁止していますが）。ハラッサー自身が裁かれるとすれば、民法の不法行為か刑法の強制わいせつ罪といったものしかない。しかも、セクハラとして出てくるもので、強制わいせつ罪で裁けるものはそうそうない。おっしゃる通り、一つ一つ不法行為としてモグラ叩きをしていっているわけで、積み重なっていかない。

上野　もうすこし深刻な事態がこの四半世紀に起きたと思います。これまでモグラ叩きをしてきたのですが、モグラ叩きもできなくなっている状況が出現しているのです。

セクハラの被害者になる人のなかには、派遣社員など非正規の割合が多いですね。正規の社員なら自分の雇用を守るために闘えるところが、そうはいかない場合がある。セクハラの申告件数が増えた大きな理由は、女性の職場での就労継続志向が高まったことと切っても切れない関係があると思います。いずれ辞める腰掛けだったら、不愉快な職場をさっさと辞めたらいいだけですが、辞めるに辞められない、辞めたら食っていけない女性たちが不況と共に増えたからです。職場に長期間居つこうと思ったために、その職場における受忍限度が下がった。これがセクハラの申告件数を押し上げた原因のひとつではないかと思います。そうすると、正規雇用者には雇用を守りながら告発する条件がありますが、非正規雇用だと条件がより厳しくなる。こういった事態があれよあれよと女の職場で増えました。

牟田　件数が増えてきたのは、不況より前だと思いますね。福岡セクハラ裁判は八九年ですが、これはまだ景気のいい頃で、均等法ができてまもなくです。仕事は腰掛けではなく食うためであるという女性たちが出てきたことが辞めてなどいられない要因となった。

上野　つまり、セクハラ件数が増えたのは女のほうが変化して、女の受忍限度が下がったからという理解です。京大・矢野事件（一九九三年）が典型ですが、セクハラの加害者はほとんどがリピーターです。男の側からすれば「前と同じことやっているのに、どうしてこうなるの？」という困惑が彼らを襲ったことでしょう。そこは男に同情できますが（笑）、「女の変化に気が付かないおまえの鈍感さが問題なんだよ」と思います。

牟田　女性の非正規率はますます上がる一方です。統計的に調べていませんが、派遣社員が派遣先で受けたセクハラというのは、派遣先ででも派遣元でも非常に問題化しにくいのではないかと思っています。

上野　顕在化せず、データも取れないですね。派遣社員が派遣元の会社に訴えても、握りつぶされるでしょう。非正規問題は本当に深刻です。「男はずるい」と思うのは、NOを言えない女をねらっているところですね。自己中男は自分につごうのいい女を探します。

この名前も歴史に残しておきたいのですが、わたしの宿敵・曽野綾子さんは、横山ノック事件のとき問題発言をなさいました。セクハラを受けた被害女性が「その場でNOを言わなかったのに、後から裁判に訴えるなんて卑怯だ」と。これ自体が二次加害のセクハラ発言ですね。

牟田　彼女は節目節目で強烈なミソジニー発言をしています。

上野　曽野さんにセクハラについての認識がないと思ったのは、加害者はNOと言えない相手を選んでいるということです。その女性が魅力的かどうかとか、スキがあったかどうかなどは関係ありません。セクハラとは、職業上の指揮命令権を、職務を超えた性的な領域にまで濫用する越権行為です。その行為を弱い立場の非正規の人たちに向ける確率はどうしても高くなります。困った状況はいろいろなことで散見されるのに、被害が表に出てこず、告発すら難しくなりました。

牟田　この間の派遣法の改悪も、どんどん人を使い捨てにすることが保証されてしまったようなものです。「ずっと職場にいる人ではないから、セクハラをしていい」ことになりかねない。

上野　「マタハラと呼ばれないマタハラ」も、非正規では定着しています。均等法は育休の権利を非正規雇用者にも認めていますが、権利行使ができている非正規の人はほとんどいません。解雇と言わずに雇い止めになるような抜け道を企業に与えたのは、雇用の規制緩和です。そうなると、正規で働いている人が、「マタハラだ」と言えるだけまだ幸せという状況にまでなっています。

牟田　非正規であれ、法的には有給休暇や産休が取れるといったことが全く常識化していない。

ネオリベ時代の人生選択

上野　最近『女たちのサバイバル作戦』（文春新書、二〇一三年）という本を出しましたが、「ネオリベ時代を生き抜くために」と帯に書きました。この四半世紀、バブルのブームのときから今までのネオリベ改革の時代に女性が獲得してきたものと、その一方で女性が失ってきたものを考えますと、セクハラを取り巻く社会常識が一八〇度変わったことは大きな獲得でした。その一方で、同時期に女性の雇用が崩壊していきました。「獲得した権利が行使できない」というアイロニーに直面せざるをえない。この時期に女性の雇用について語るのはなかなか辛いものがあります。

牟田　この本はこの社会は女性が生き延びられないシステムになっていることに関して鋭い分析を

されていると思いました。

一九八九年に福岡セクハラ裁判がスタートして、その年に「セクハラ」という言葉ができた。そこから約一〇年で改正均等法ができた。日本の女性の権利をめぐるさまざまなイシューのなかでは圧倒的に早い。DVもですね。しかし、なぜDVとセクハラだけがそんな獲得をできたのでしょうか。

「DV？　殴られて可哀そう」、「セクハラ？　スケベな男は許せない」といったある種の道徳的な価値観に乗ったからこそ法律も整備されてきたのだと思います。でも他方、正面からの女性の労働権の問題や、選択的夫婦別姓をめぐる民法改正だとかについては法はガンとして変わらず、バッシングさえあるのを見ていると、本流は変わっていなくて、傍流としてセクハラやDVの法がかろうじてできたというところでしょう。行政が男女共同参画をやっていますというと、たいていはDV相談・対策です。女性の雇用や労働の問題は本当に取り扱われません。

上野　セクハラやDVはわかりやすい人権侵害ですから、社会的な合意を獲得しやすかったのでしょう。フェミニズムの側では、セクハラやDV対策をめぐる獲得を突破口に先に進みたかったわけですね。しかし、不況が始まって以来、雇用の規制緩和の過程で女性は使用者側に対して退歩に次ぐ退歩、譲歩に次ぐ譲歩を強いられたと思います。それを書いたのがこの本です。

牟田　加えて、私たちフェミニストの課題だと思うことがあります。もちろんですが、正社員になって新卒から定年までずっと九時－五時で働くというのを全ての女性たちが目指せというわけではない。上野さんが本のなかで書いておられますが、女性に限らずさまざまな働き方、いろいろな生き方を柔軟に選択できる方向を目指していかなければならないと思います。そこで苦しいのは、それをやり出してしまうと、「女性は短期で働くのでいいのだな」という方向に向かってしまう可能性があることです。

上野　グローバリゼーションの波をかぶった諸外国も同じような国際競争のもとに置かれて、自国経済を適応させていかざるをえない状況にありました。その際、雇用の柔軟化は世界的な趨勢でした。そのなかで日本の最大の問題は、雇用の柔軟化がものすごく大きい賃金格差を伴ったことです。雇用の柔軟化はOKですが、賃金格差を歓迎した覚えはありません。それなのに女性の雇用を守れなかったという思いがある。労働組合の罪は深いと思います。

牟田　六〇年代から主婦のパートを単なる家計補助、小遣い稼ぎとして固定化してきてしまった。そこで主婦の「身分差別賃金」になりました。

上野　大沢真理さんが名づけた「パート身分差別」ですね。パート賃金格差は「身分」と呼ぶ以外に合理的な根拠のない格差だと彼女は喝破しました。

回顧的に話していると、なんでこんな世の中になったのだろうかと口惜しさがあります。構造的な問題まで根っこにおりないと、いつまでたってもモグラ叩きはなくなりませんね。

女性「活用」政策？

上野　自分の本のあとがきに書きましたが、こんな世の中に誰がしたと責められれば、「わたしも共犯者です――ごめんなさい」と言わざるをえない気分になってきて、それが悲しいです。大学の業界にも、正規雇用と非正規雇用とのあいだの格差問題があります。女性の分断が拡がっていって、わたしの本の帯には、「追いつめられても手をとりあえない女たちへ」とあります。次の一手はどのようにすればいいでしょうか。

安倍政権は「202030」(二〇二〇年までにあらゆる分野の指導的地位における女性の割合を三〇%に増やす)という数値目標まで掲げて「女性活用」を唱えていますね。「2030」で女性のサクセス・モデルができてしまうと、現状の雇用や労働のモデルをまるっきり変えないまま、そこに適応していった女たちのロール・モデルができて、「彼女たちにできたのだから、あんたにできないのが悪い」となり、再び自己決定・自己責任のネオリベ原理のさらなる貫徹になってしまいそうな気がします。

そのツケは結果として出生率低下にまわってきます。「社会の活性化」のために女性の力を活かす必要があるのは、諸外国を見ても誰もが同意する正しい方向性です。にもかかわらず活用の仕方が完全に間違っている。働き方を変えずに、現状のネオリベ型のルールへの適応を女性に強いて、恵まれた条件のもとにそれを成し遂げることができたレアな人たちをロール・モデルにしていくと、結果として日本はさらなる少子化にしかいきつかないでしょう。こんなところで子どもを産んで育てられないと。

牟田 それだけだったら、全然ダイバーシティではないと思います。「男並み女」を作っているだけです。育休くらいは保証してもらえるのかもしれませんが、超人的なタイムスケジューリングをして、スーパーウーマンみたいな働き方ができる女性たちが二〇％増えたとしても、全然働き方は変わらないし、企業の多様性も何もないです。

上野　学問の世界でも、先端分野といった国際競争が非常に激しい分野では、「性差別なんてしていられない」なんていう発言もありました。ミスター・リゲイン並みにミス・リゲイン、ミセス・リゲインになって、女もがんばれと励ますのがフェミニズムのゴールとはとうてい思えません。

牟田　一方で、「ウチの研究室には女は要らない」といったことを言うところは今でもあります。口に出しては言わなくとも、夜中までずっと実験室にいなければならないなど。そうなると、とてもそんなのには付き合っていられない！　と、女性は排除されていくことになる。

上野　ダイバーシティは、人権とか社会正義のためだけでなく、企業の効率のためでもあります。「ダイバーシティのないところに、新しい生産性は生まれない」というコンセンサスができてきていると思うのです。エスピン＝アンデルセンは、『平等と効率の福祉革命――新しい女性の役割』（大沢真理監訳、岩波書店、二〇一一年）のなかで、ジェンダー平等が社会の効率を上げると言っていますが、それが中途半端なところでは格差が大きいためにかえって社会の効率を削ぐとも言っています。結果として次世代の再生産がうまくいかなくなると。次世代の再生産に失敗すると、二〇年から三〇年で勝負がつきます。「男性化した女」を増やしても全く意味がありません。

女性運動の経験の共有がなされていませんね。初期の頃は、八方ふさがりの職場や家庭からやっとの思いで脱け出してきて、お互いにグチをこぼしあうことで、「あら、あなたもだったの！」と共通点を発見していった。自分だけの問題ではないことを知ることで「個人的なことは政治的である」とわかっていったのですね。人とつながるための根拠は、自分と相手の間に連続性を認識することが重要です。わたしには、紙一重の差で自分も専業主婦や万年非常勤講師になっていたかもしれないという気持ちがあります。今の女の人たちはそう思わなくなっているのでしょうか。

牟田　ネオリベ的な心性が非常にありますね。「自分自身がしっかり人生設計をして頑張って、育休なんかもきちんと取れる会社に行かないといけないのだ。それができないのであれば、その資格はない」、といった。

日本の企業が不況とグローバリゼーションを生き延びてきたのは、企業体質も雇用のルールも変えないで、人事に手を付けるという一番安直で最悪なやり方でコスト削減をしたからです。そんなことをすると企業モラルがものすごく下がりますね。それを「改革」と呼んできたんです。

リストラというと、会社が人をリストラしたいのみならず、やる気があって能力がある人が会社に見切りをつけていなくなる面もあります。

上野　不況期の二十数年間、企業体質は変わらなかったし、変えようとしなかった。その代わり、そこに入れる参入障壁を高くした。こんな日本企業がグローバリゼーションのもとで生き延びていくとは、わたしには思えません。だから日本丸は「泥船」だと書きました。「泥船から逃げなさい」と。

上野　職場がネオリベ的であるだけでなく、学校教育がネオリベ的ですね。「競争に男も女もないから、勝ち組になりなさい」と叱咤される。それで女性も勝ち組まっしぐらに走り、総合職になったと思ったら、妊娠・出産して愕然とする。「気が付かなかったの？」と尋ねると、「考えたことがなかった」と返されたりします。

牟田　私たち均等法以前の世代は、就職シーズンになって、男子学生のところには誰にでもたくさんリクルートブックが来て就職も決まっていくのに、自分たち女性のところには何も来ない。「何これ！？」と思う事態がありました。今の若い女性たちからすると、就職は男子学生とそこまでのギャップはないし、出産しないうちはまさに自力で男性に伍して働いている。それで、妊娠や育児の負担がのしかかると、「こんなはずではなかった」ということになる。でもそれも自分が妊娠・出産することを選択したという自己責任になってしまう。

上野　この間、学校の先生が「そういえばわたしたち、ネオリベ的な教育をやってきました。共犯者かもしれません」と言っていました。セクハラでフェミニズムが獲得してきた二五年は、ネオリベの二五年でもある。九〇年代を、「失われた一〇年」と呼ぶ人もいます。この時代は女にとってはどうだったのでしょうか。獲得の二〇年だったのか、譲歩の二〇年だったのか。

牟田　不況と格差の拡大が同時進行で、しかもあたかも必然的に連動しているようになっている。しかし、不況や経済の低調のなかで、仕事を分け合うという方向にもいってもよかったのにそうはなりませんでした。

上野　ヨーロッパを見ると、仕事の分け合いを選んだ社会が現にあります。オランダやデンマークですね。そういう選択肢を選んだ社会と選ばなかった社会はどこが違うのかとやはり考えます。フェミニズムは非力だったのかと。

牟田　もうちょっと男女平等の進行の度合いと不況のタイミングが違えば、ましだったかもしれません。

上野　それもありますね。平等が進行する前に、不況が来てしまった。日本型福祉社会と同じです。

牟田　大量採用はもうないけれども、新卒を採用して、終身雇用とはいかなくとも長期に働いていくことが当たり前という観念もなかなか変わりません。つまり、そこから一旦外れると全てダメになる。

上野　例えば、雇用制度を改革するために、クオータ制を導入しろといった話もあります。その効果はどう思われますか。

牟田　私は、職場にしろ、議員にしろ、暫定的であれ絶対取っていかないといけない方策だと思います。

上野　クオータ制については、実際にベンチャー企業を興してきた株式会社DeNA創設者の南場智子さんなどは反対していますね。

東大にこのようなおもしろいエピソードがあります。「工学部に女子枠を作る」と提案したときに、女子学生が猛反対してやめたのです。というのも、学生の間も、卒業した後も、「キミ、女子枠なんだってね」と一生涯言われつづける。それがイヤで、耐えられないと。もっともですね。クオータ制は政治の世界や公職ではあってもいいと思いますが、民間に持ってくるのは賛成できません。それよりは、むしろ人事の透明性・公開性が重要で、きちんとした業績評価をやっていけば、結果的についてくると思います。

牟田　今おっしゃった工学部の学生さんの話ですが、確かに女性からそういう反発はあります。私はそれに対しては、「あなたはそう思うかもしれないけれど、今は工学部の女性が一〇〇人に二〜三人しかいないから、企業は女子学生が目が入らない。でも、これが、一〇〇人に一〇人、二〇人の割合になれば、女性の存在感が増して、女性をエンジニアとして採用しようという企業が増えてくる。あなたたちの活躍の場が増えるんだよ」と言っています。

上野　それは説得力がありますね。

選挙、解雇特区、ブラック企業

牟田　クオータ制なり、本当の意味でのアファーマティブ・アクションがやれるようになるなり、企業や行政を変えるにはどうすればいいのでしょう。

上野　最後は政治力になりますね。今どれだけ女性に政治的な力があるでしょう。

この時期にこういう対談をすることに無力感を持つのは、二〇一二年一二月の衆議院議員選と二〇一三年七月参議院議員選の結果に直面したからです。とうてい女性に有利とは思えない政党を有権者は政権につけました。婚外子差別についての民法改正もそうですが、司法ですら立法を叱って憲法違反の判決を出すような、ジェンダー平等についてサボりまくった政権をまた政権復帰させてしまいました。地方政治を見ても、日本の三大都市、東京・大阪・名古屋の首長は、どれも困った政治家ですが、女性の支持率は高い。何とか女性の政治意識を変えていかないと、ということになりますね。

牟田　雇用の問題に関して、女性たちの働き方に直結するような問題意識を持った政治家がもっと出てきてほしいです。

上野　就職戦線が厳しくなっているので、就活セミナーが盛んです。問題なのは大学が音頭をとっている就活セミナーですら、制度や法律についてのリテラシーをほとんど教えていないことです。学生のなかでも、均等法や労基法を知らず、読んだことがないという人も多くいます。これから職場に出ていく学生に制度と法律リテラシーを付ける必要がありますね。それなしに職場に出て行くのは無防備すぎます。

牟田　今の日本で、大学を出てすぐに正社員にならないと、一生が危ういというなかで、学生は立場が弱いです。「法制度を教えるべきだ」と文科省と厚労省が指令を出してもいいくらいですね。

上野　大阪では「解雇特区」構想が出てきました。最低賃金制を無くせだのというとんでも市長がいるのが、牟田さんがおられる大阪ですよ（笑）。この政権を支持しているのは誰なのでしょう。大阪府・市民の反応はいかがでしょう。「自分には関係ない」と思っているのでしょうか。

牟田　関係ない人は関係ないと思っていますし、「どうせ自分たちは非正規の側だ」と思っている人たちにとっては、この構想の酷さはさほどびっくりするようなことではない。つまり既に、どうしても正社員の「特権」を失いたくないという人と、そこから外れてしまう人に二分されています。

本当に階層社会です。しかし、「解雇特区」なんていうところに、企業はどんどんやって来るのでしょうか。「ウチはブラックです」と言っているようなものです（笑）。

上野　安倍政権は法人税も下げると言っています。ありとあらゆる政策が望ましい方向とは逆を向いている。抵抗する力がどんどん弱くなっています。女だけの問題だとは言えませんね。

牟田　例えば、日本だったら失業保険は一定期間働いていないともらえないのが当たり前ですが、ヨーロッパではそうではありません。大学を出て雇用経験がなくても失業保険の対象になります。女性たちを中心として、身分差別的な賃金差別を受ける人たちの声が一つの大きな流れとなっていかないといけないと思います。

〈新しい〉仕事のために

――ハラスメント対策の歴史を考えても、例えば福岡裁判以後、全国各地にフェミニスト・カウンセラーの方々や研究者の方々が中心となって相談所が設けられ、またもちろんそれ以前からのネットワークも存在し、日本のフェミニズムは非常に早くから地方に目が向いていて、それが現在まで重厚な研究と実践の歴史として積み重なっていると思います。そこで、歴史的にみて、あるいは現在の地方政治・社会、またはそこから生起している運動についてどのようにお考えでしょうか。

上野　政治参加に関して言うと、国政にはあまり期待は持てませんが、地方政治は変わってきていますね。女性の地方議員の比率は、県・市町村で言いますと、市レベルは県や町村より相対的に高いですし、東京都の特別区では、女性議員が二五%を占めています。なぜ女性議員が増えないかというと、「候補者がいないから」。選択肢がないから選べないわけですね。女性候補者と男性候補者の当選確率は、女性候補者のほうがより高いというデータがあります。女性が立てば当選する確率は男性より高いのです。女性が一歩前に出るのを妨げるさまざまな要因がなくなれば、女性候補者が増えて、当選確率も高くなって、確実に地方政治は変わっていきます。それが地方の首長に影響しています。滋賀県知事の嘉田由紀子さんや熊本県知事だった潮谷義子さん、千葉県知事をされた堂本暁子さんなど、地方には女性首長が生まれています。これが中央にいつ波及するかわかりませんが、変化は国政より地方のほうが早い。それには希望を持てます。

牟田　実際、女性の労働力率も地方のほうがよっぽど高い。

上野　農村部でおもしろい話があります。九〇年代後半くらいから農業委員や農協役員の女性比率がじわじわと上がってきているそうです。理由は、ジイチャン、バアチャン、カアチャンの「三ちゃん農業」だからですが、それだけでなく農業委員となる年齢の女性は、六〇年代には農村の生活改善運動の若嫁会のメンバーだったとか。若いときに元気だったおネエさんたちは一生元気です。一度口を出した女は一生黙らない。こういうふうに地方で地道に動いてきた人たちがいます。環境保護や食品安全運動をやってきた人たちなど、いろいろな人材と経験の蓄積は厚いです。

それで何で政治が変わらないのか、返すがえすも痛恨の思いですね。東京の人たちはあまりにも中央と直結しているために、東京以外の日本を知らなさすぎる。日本も地方には多様性がありますし、草の根に足を降ろした人材がたくさんいます。その根っこの部分は大半を女性が支えています。

それには本当に実感がありますね。だからこそ、この政治の体たらくは何なのだ！ と言いたくなる。歴史は単線的には進みませんから、「一歩前進、二歩後退」もあるかもしれません。

絶望と希望、そして……

牟田 上野さんたちが長年注目しておられる「女縁」の世界も、自分たちで仕事をつくっていくということを、今の五〇代・六〇代の人たちがやっておられるわけですよね。

上野 新しい働き方に注目が集まったのは、八〇年代バブルの頃ですが、それは「仕事で食わなくてもいい」主婦と若者といった特権階級だけの選択肢だと言われていました。仕事で食わなくてもいいと同時に、どこにも受け入れてもらえない人たちでもありました。

九〇年代以降「女縁」のその後を追いかけて来ましたが、「女縁」が消費活動から生産活動に転換してきていく過程を見てきました。最大の契機は、何と言っても介護保険の施行ですね。女が家でやっていた介護が報酬を伴う仕事になりました。ヨーロッパで女性の労働参加が非常に大きく進んだのは、公務セクターでした。公務セクターに当たるのが、日本では介護保険が作り出した準市場における雇用機会です。非常に不利な労働ですが、タダだった労働がタダではなくなった変化は大きかったです。介護をタダと誰も思わなくなったことも大きな変化です。昔は嫁の介護は、「評価なき介護」「感謝なき介護」「対価なき介護」でした。嫁の介護も急速に減少して、娘の介護、息子の介護へと変化していますね。ＮＰＯも支えているのは女です。底辺は女でも、代表は八割がた男ですが。このPTA体質はなくならないものでしょうか。

牟田　名目の長は男でも、実際に動いているのはお母さんたちばかりのPTAみたいなものということですね。

上野　絶望も希望も両方あります。

例えば、曽野さんのマタハラ発言に対する反応や、杉並区の待機児童に関する男性区議の発言へのバッシングを見ていると、ネット界の常識は男女平等がデフォルトになった感があります。隔世の感がありますね。それにもかかわらず、それが政治的な力につながらないのはなぜでしょうか。この間川上未映子さんと話していたら、「ネットがガス抜き効果を発揮していて、リアル世界に還流しないのでは」と言っていました。

牟田　それはあるかもしれません。でも一方で、上野さんと私たちが始めたWANのサイトを作らなくちゃと言っているときは、ネット界はフェミニズム・バッシングの嵐でした。その頃から考えるとネットユーザーの層も変わってきているでしょう。

上野　ネットユーザーに女性が多くなりました。特に、育児期の女性は外に出られないのでネット漬けになっており、それがガス抜きになっているという説もあります。

牟田　抜けていくのは、ガスだけではないでしょう。パワーも出て来ると信じたいです。それをいかにリアルに繋いでいくかが重要ですね。

上野　今は爆弾一つ投げて革命が起こせる時代ではありませんので、小さいモグラ叩きを重ねていくしかありません。杉並の待機児童の問題は、象徴的でしたね。子どもが保育所に入れなかった母親たちが行政不服審査請求を出しました。これは一八〇度パラダイムの転換です。保育を受けるのは恩恵ではなく、権利だと主張したことになりますから。これまで、子どもを預けて働く母親は、「わがまま」「自分勝手」「母性の崩壊」と言われてきたのです。そういう非難が登場せず、反対に「人にものを頼むときは遠慮しながら言え」と言った区議の男性が猛バッシングを受けた。

「生きててよかった」ではないですが、わたしたちが若かった頃と比べると、自分の目の黒いうちにここまで日本の社会が変わるとは思っていなかった。まだ目は黒いですからね（笑）。こういう女性の変化を目にしたことは、感慨があります。それをどうすれば、政治的な力につなげることができるでしょうか。どうすれば政治的な力になるかを本気で考えるのは、もはやわたしの世代ではありません。次の世代に託していきたいと思います。

（初出：『現代思想』二〇一三年一一月号、青土社）

第8章

闘う女の背を見ながら

×川上未映子（かわかみ・みえこ）

1976年生まれ。2007年、デビュー小説『わたくし率イン歯ー、または世界』（講談社）で早稲田大学坪内逍遙大賞奨励賞受賞。08年に『乳と卵』（文藝春秋）で芥川賞を、09年に詩集『先端で、さすわさされるわそらええわ』（青土社）で中原中也賞受賞。そのほかの著書に『ヘヴン』（講談社、芸術選奨文部科学大臣新人賞、紫式部文学賞受賞）、詩集『水瓶』（青土社、高見順賞受賞）、『愛の夢とか』（講談社、谷崎潤一郎賞受賞）、『きみは赤ちゃん』（文藝春秋）など多数。

上野　わたしは今年（二〇一三年）六五歳を迎えてついに高齢者の仲間入りをしました。今の日本が抱えている問題にこれから直面するのは若い世代です。川上さんは、わたしのほぼ半分の年齢。しかも、この世界で子どもを産み、育てようとしています。

川上　はい、私は一九七六年生まれの三六歳、息子は去年（二〇一二年）の五月に生まれました。

上野　東日本大震災の後なのですね。あなたは3・11をどう体験されたのですか。そしてあの後、なぜ命を産み、育てようと考えられたのかを、まず聞いてみたい。

川上　あの日は、都内で食事中だったのですが、「いずれ来る」と言われていた大地震が本当にやってきた、という感覚でした。実はわたしは、一七歳のとき大阪で阪神・淡路大震災を経験しているのです。あのときの震度は、3・11のときの東京の揺れと同じでした。にもかかわらず、距離の近かった阪神よりフクシマのほうがずっと恐ろしかった。しばらくは、この違いは何なのか、そればかり考えて過ごしていました。

上野　それは、原発事故のせい？

川上　そうかもしれません。四〇代までに自分がどれだけ仕事をしようか、と考えたとき、もし子どもを産むんだったら今しかないな、と考えていた時期にもちょうど重なっていたので。

上野　都内ではミルク用の飲料水を配る騒ぎでしたね。出産は、ためらわなかったの？

川上　母乳からセシウムが検出され、本当に大変な時代に突入したんだ、とは思いましたね。でも、子どもを作ることについては迷いがなかった。いつの時代に生まれてもリスクゼロはありえない。戦禍の中でだって出産する人はいる。そう考えた瞬間、常に生まれてくる子がいれば、死んでいく人もいるんだ、と感じた。ある意味、思考停止だったのかもしれませんけれど。

上野　それは健全な思考停止ですね。そういう動物的なまともさを、今の若い女性は失っている気がします。出産するのにいちいち理由がいる時代は不自由です。じゃあ、あなたの出産に3・11は影響を与えなかったのですね。

川上　いえ、むしろ後押しされました。災害や天災をものともせず、産み育ててきた人がいるから今がある。私が産むことで、この世界の構成員を増やそうという意識もありました。

上野　それはすごい。でも、作品からは想像がつかない。川上さんの作品を読むと、この人がよく出産という選択に踏み切ったな、と思わされます。

川上　ええ、以前の私は、諸悪の根源も諸善の根源も人間にあるならば、産まないのが一番。産まないこと以上に人間的な選択はない、と考えていました。それに、たくさんの子どもがいる中で、わが子一人だけが大切な子になるグロテスクさも受け入れがたかった。

上野　でも、そのおかげで子どもは育ってきた。ほかの子じゃなくてうちの子だけがかわいい、と親が思うからこそ。

川上　それはわかるけれど、認めたくなかった。なぜ変わってきたかというと、すでに、この世の中に否応なく生まれてきている子どもたちがいることに、自分の甥や姪を見て、気づいたのです。彼らはこれからどうやって生きていくのだろう？　と考えたとき、そのメンバーを一人増やすつもりで産むのも、ありかなと。「数は力」じゃないけれど、どこか動物的な考えです。

上野　なるほど。わたしは熟考しすぎたせいで動物的になれなかった、かわいそうな女の一人です（笑）。

川上　それに、阿部（夫で作家の阿部和重さん）のほうが積極的で、二人ですごく話し合って。

上野　メンバー増やしておこう、と？

川上　はい（笑）。

変わらない現実

上野　『ニッポンが変わる、女が変える』（中央公論新社、二〇一三年）という対談集でわたしは一二人の女性（高村薫、瀬戸内寂聴、永井愛、国谷裕子、田中眞紀子、辛淑玉、浜矩子、加藤陽子、中西準子、林文子、澤地久枝、石牟礼道子）と対談をしました。ふりかえりますとね、一番ペシミスティックだったのは澤地久枝さん。石牟礼道子さんはニヒリズムに近かった。お二人とも八〇代ですが、年長の人ほど現状を救いがないととらえている感じを受けました。過去三〇年分を知っている人と、六〇年分知っている人だと、後者のほうが世界が悪くなっている感を強く抱いているようです。

川上 長く生きた分、悪い循環をご覧になっているということでしょうか？

上野 たとえば敗戦の頃をふりかえり、「またか」と思えてしまう。この国が歴史から教訓を得たとはとうてい思えない。もう途方にくれるしかないのです。わたし自身について言えば、来し方をふりかえったとき惻々と胸をかむのは、無力感です。あれだけやっても、ここまでにしかならなかったのか、と。

川上 『ニッポンが変わる、女が変える』を読んで思い知らされたのは、これだけの経験と戦闘力を持った方たちが、長い時間かけて闘ってきても、変わらない現実がある、ということ。その途方もなさ。

上野 そこでぜひお聞きしたいのが、あなた方若いお母さんがわが子を送り出す社会が、もはやにっちもさっちもいかないところまできている。この絶望的な状況を、どう受け止めているのか、ということ。どうですか？

川上 私自身は絶望するというより、怒りや違和感、異議を申し立てたい気持ちがまだ強いです。一方で、大阪にいる私の姉を見ていると——彼女は子育て中の普通の主婦ですが——たとえばこの対談を読んで、「これは大変だ」と思っても、次の瞬間に、まあそれはそれでとりあえず「お菓子食べよう」みたいな感じになる。「日本が終わる」ということに、具体的なイメージを持たないのではないかと思います。実はこれ、小説を書き、読者とやりとりするなかでも非常に強く感じるんです。

上野 そういう人も川上さんの本は読むのね。それはそれですばらしいことじゃないですか。

川上　そう思います。そして私を含めたこの、「お菓子食べよう」という人たちと、常に考えている人たちとがどうしたら問題を共有できるのか。そう考えると、「女が変える」「女性の力で世の中を変えていく」のは、やはり途方もなく大変なことなのではないか、と。

上野　その「途方もなさ」はわたしも実感しています。『ニッポンが変わる、女が変える』の対談を始めた二〇一二年春と、対談を終えた一年後の空気の変化。始めたばかりの頃は、反原発の市民運動が「あじさい革命」と呼ばれて広がり、首相官邸前のデモにも勢いがあって、「何かが起きる」「何かを起こせる」という期待があった。ところが、一二月の総選挙、そして、二〇一三年七月の参議院議員選挙を経て、「女の声」など届きそうもない政権が復活してしまいました。わたしは道半ばでくじけてしまったような気分なんですよ。

川上　確かに、この状況では前向きなことは言いにくいです。

上野　でもフクシマのお母さんたちはずっと必死で頑張っている。そのパワーが、なぜ世の中を変える力につながらないのだろうか。どうして選挙がこんな結果になってしまったのだろうか。せっかく、川上さんと対談をしているというのに、展望のある明るい話ができないのが哀しいです。

川上　フクシマのお母さんたちのリアリズムは、国のあり方や政治と直結しているはずなのに、どうして具体的に反映されないのかということに私が問題意識を持つようになったのは、実は子どもを産んでからなのです。ベビーカーの問題も同じで、ベビーカーで電車に乗るときのあの緊張は、やってみないとわからない。

上野　男たちは自分も昔は子どもだったことは忘れてしまい、自分にも子どもを育てる可能性があることに気づかないのでしょう。

川上　社会のどこにもマイノリティは存在しますよね。たとえば子連れの母親はマイノリティ、でも本人たちも、どこか自分の問題として受け止めていない気がします。マイノリティの側も社会を変えたいと思っているのに、集まったその力で何かを起こそうという行動にはなかなか結びつかない。

真の連帯はあるか？

上野　今のお母さんたちは本当につながっているのでしょうか。わたしたちの世代はつながるしかなかったからつながりました。そこには、つながる根拠も理由もあった。

川上　杉並区のお母さんたちは待機児童問題で連携して声を上げましたよね。

上野　子どもを預ける場所がないという、当然の権利を侵害されているとして、彼女たちは行政不服審査請求をやりました。与えられる恩恵ではなく、権利が冒されたと主張したことはパラダイムの転換、大きな変化だと思います。でもね、わたしたちの世代だったら、待ったなしのニーズを前に「共同保育をやろう」とつながったと思う。共通の問題を抱えていながら、今の若い女たちが、仲間を作って一緒に解決しようとしなくなった理由はなんなのでしょう。

川上　杉並区のお母さんたちの件をもう少し考えてみると、連帯しているようで、やはり途切れているのかも。というのは、集まって一緒に動いているように見えるけれども、個人の運動の側面が強いから。

上野　なるほど。じゃあなぜ、真の連帯にならないのでしょう？

川上　その大きな理由のひとつは、メディア環境の変化だと思います。具体的にはツイッター（簡易ブログ）を手にしたこと。私は、フェミニズムに関心のあるお母さんたちのツイートをよく読んでいるんです、興味があるので。

上野　あら、わたしが今まであえて口にしないできた言葉をあなたが先におっしゃいましたね。

川上　フェミニズム？　全然抵抗ありません（笑）。

上野　じゃあ、あなたのおかげで封印が解けたので、使うようにします。フェミに関心のあるお母さんたちは、何をつぶやいているの？

川上　マッチョなものを見つけたら一言文句を言うのが作法になっています。銀行員が主人公の人気ドラマに対して、「あそこに幼稚園の子どもがいると思う？」とか。食品会社のCMを見て「夫が出てこないじゃないか」とか。たえず目を光らせています。それでとりあえず溜飲が下がるのかも。

上野　ガス抜き装置、ですか。

川上　ええ。切れ味よくクレームをつける人にはフォロワーも多く、つぶやけばリツイートされやすい。評価されると、一石投じた気持ちになれるのかもしれません。もちろんクレームは重要で、物事はいつだってそこから動き出すものなのですが……。

上野　承認欲求も満たされますからね。でも、ツイッターを見ているのは関心のある人だけで、内輪の盛り上がりにすぎない。何より、子どもを預けるところがないという目前の問題は、ガス抜きをしたところで解決しません。

川上 おっしゃるとおりです。目を光らせてクレームをつけるけれども、現実レベルで何かをする時間もないし、方法も知らないので、共闘できない。

上野 方法を知らない、わからないとおっしゃるけれど、わたしたちの世代だってノウハウ・ゼロでした。前の世代には保育所ニーズはなかったし。でも、自分で解決できないことは「共助」でいこう、お寺の離れを借り保母さんを雇って「共同保育やろう」とみんなで動き出しました。夜中に電信柱にビラを貼りまくったりね。みんな切羽詰まって必死で動いてましたよ。

川上 切羽詰まって動いているという点では同じかもしれませんね。違うのは、やはり私たちの世代はバーチャルに逃避する道がある。ネットだけのつながりでもコミュニティがあるように錯覚してしまうことでしょうか。

上野 バーチャル逃避が癒やしになるならまだましだけれど、それがネガティブなかたちでリアルへと逆流するケースもあります。在特会（在日特権を許さない市民の会）のヘイトスピーチなど、かつてなら胸の内に収めていたことがダダ漏れ状態。

川上 「俺、ネトウヨですけど」と普通に口にする大学生とか、「萌え」画像を貼り付けた車を白昼堂々走らせるなど、自分の劣情をオープンにするのが普通になっています。

上野 あなたの話を聞いていると、新しい情報環境の中で異人種が育っていることを痛感します。わたしはデジタル機器は使えるけれど、身体化されていない。けれども、今の若い母親世代は、バーチャルが本物のリアリティを侵食し始めている。それは認めなければなりません。認めたうえで、リアルの塊である子育てに、彼女たちがいかに取り組むかに興味があります。

川上 子育てのプレッシャーは大きくなっているかもしれません。何しろ、大半の人にとって、人生に一度きりの一大プロジェクトになっているので。やれることは全部しなくちゃ、という強迫観念がある。母乳育児も三歳児神話もそうです。このいいかげんな私でさえ、ふと気づけばがんじがらめでビックリしました。

上野 よくわかります。子だくさん時代の親にはわからないプレッシャーですよね。でも、どう考えても子ども受難の時代。ガス抜きをバーチャルでやる親が登場して、その子どもたちはどんな子に育つんだろう。お子さんの三〇年後が心配でしょう?

川上 でも、バーチャルガス抜きにはいい面もあると思う。リアルなやりとりでないにしても、受け止めてくれる人がまわりにいれば、緩衝材にはなるでしょう。

上野 虐待を防げるか……。けれどもネグレクトを助長しそう。やはり子ども受難の時代ですね。

次世代にバトンを渡す

川上 だからというわけじゃないけれど、うちはひとりっ子になるでしょう。もう一人増えたら、どちらかが小説家をやめないと生活がまわっていかないだろうから。私自身三人きょうだいで、きょうだいという存在のかけがえのなさは知っているけれども、親にどうにも余力がない。先日、信田さよ子さんに、二人産んでも四年で復帰できるわよ、と言われたのですが、欲深いことに、「四年あれば、長編小説が二本書けるなあ」と思ってしまう。

上野　引き裂かれますよね。一過性の大変さだとわかっていても、三〇代って一番生産性が高い年齢だから。

川上　最近の生活でも感情の波があって、いい短編が書けたときには、私の残りの人生は、このことのために使うべきだと思うんです。でも子どもと一緒にいるときは、これ以上のことが一体何があるんだろう、なんて思ってしまう。これは夫とは共有できません。

上野　男は、そこまでの引き裂かれ方をしないの？

川上　やはり何があっても自分の仕事はする。阿部は私と同じくらい子どもの面倒を見るんですよ。でも育児か仕事か、みたいな悩み方はしませんね。だから、そもそも私の抱えたこの葛藤がない。私は、子どもが目覚めている時間帯にパソコンに向かうとき、子どもに向き合っていないという罪悪感が常にあるんです。

上野　それはわかるなあ。

川上　これ呪縛だなあと思ったのは、出産直後に阿部が子どものおむつを替えたんですね。そのとき無意識に「ごめんね」って口にしているんですよ。あるときそれに気づいて「ねえあなたね、私がおむつを替えているとき、ごめんねって思ったことある？」と聞いたら、全然ない、って。阿部と私の違いはおっぱいがついてるかいないかだけだと思っていたのに、私は子どもを自分の体の延長だととらえていた。

上野　母親が子どもを最優先するからこそ、子どもは成長していくんですよ。男ももっと子育てにコミットすべきだと思うけどね。コミットすればするほど、人生において子どものプライオリティがあがるでしょう。

川上　ぶつかり合いはしょっちゅうでした。夜中の授乳中に書き連ねてきた負の感情がiPhoneを開けばずらずら出てくる。でも今は私の体のホルモンバランスがめちゃくちゃだから、ここでくだす判断はフェアではなかろう、と考えてなんとか乗り切ったというか。夫婦揃って在宅勤務の私はとびきり恵まれた環境だと思うんですね。それでこんなにキツいのだから、ほかの働くお母さんはどれだけ大変か。やはり、バーチャルでもリアルでも、つながって共助していくということが救いになると思います。

上野　追い詰められてガス抜きするばかりでなく、ぜひともリアルな分かち合いを。ひとりで頑張っている女たちが、なぜつながりあって共助けに向かわないのか、返すがえすも口惜しいので。さて、「ニッポンが変わる、女が変える」と意気込んで走り出したこの旅ですが、ここへきて、「ニッポンが変わる」可能性にも、「女が変える」可能性にも、明るい展望を見出せなくなっています。とはいえ、女は決して被害者ではなく、こんなニッポンにしてしまった責任の一端は女にもある。

川上　そう思います。これから私たちの世代がこの世の中とどうかかわっていくか。誰もが抱えている漠然とした不安に流されず、意識してその不安の正体を見ていくことが大切なのではないかと思います。

上野　一二人の女性との対談という長い旅の締めくくりに、わたしたちのバトンを渡す世代の川上さんとお話ができてよかったと思います。わたしたちにはここまでしかできなかったので、受け取る側はさぞ大変だろうけれども。

（初出：『婦人公論』二〇一三年一〇月二二日号、中央公論新社）

あとがき

性は語りにくいテーマだ。いまだに下ネタを口にすることにタブー意識が働くだけでなく、語ることばそのものがない。性に無知をよそおうことが女らしさとおもわれている社会では、女にとってはましてやハードルが高い。その意味で、担当編集者、菱沼達也さんが提案してくれた『セクシュアリティをことばにする』とタイトルは、ぴたり、とはまった。

性に関わる知識はふかく身体化されている。性を語るときにはいやおうなく生理的な好悪の感情や価値観が入りこむ。それから自由なひとなど、いない。

だが、同時に性に関する身体化された規範が、短期間のうちにがらがらと変わるのを、目のあたりにしてきた。たとえそれがどれほど深く身体化されていようとも、規範はしょせん社会と時代がつくるものであり、時代が変われば規範も変わる。その点で、日本は変化の早い実験場のようなフィールドだ。六〇年代の性革命の時代を経て、性の近代から脱近代への激動の転換期を、自分の性的成熟とともに経験したことは、幸運だったと思う。

セクシュアリティの近代のパラダイム、ミシェル・フーコーのいう四つの性の近代の装置（女性の身体のヒステリー化／子どもの性の教育化／性的逸脱の病理化／マルサス的夫婦による人口管理）はすべて過去のものとなった（と言えるだろうか?）。だが、にもかかわらず、それが少しも「解放」を——少なくとも女にとっては——意味しなかったのはなぜなのか？　老後といわれる年齢を迎えて、憮然とする思いである。

わたし自身は女性の研究者のなかでは早い時期からセクシュアリティについて、語り論じてきた経歴を持っている。そのためにひんしゅくを買い、眉をひそめられてきたこともある。女がセクシュアリティを語ることを、男たちが消費する傾向もじゅうぶんに自覚している。それにつけこんできたとも言えるし、のせられてきたとも言える。文学の世界で、山田詠美や村山由佳が大胆なセックス描写をする何年も前のことだ。高学歴ＡＶ女優がタレントとしてメディアに登場し、最近ではＡＶ女優の経歴を持つ社会学者が誕生した。性の商品化はとめどなく進行し、女性の性的過去はしだいにスティグマではなくなったが、だからといって、そのなかで女性は「解放」されたといえるのか？「バツイチ」や「フリン」、「負け犬」などはかつてのような社会的逸脱の烙印を捺されなくなったが、離婚シングルマザーや非婚シングル女性の状況は改善されたのか？　若い女性たちは、大学にも進学するようになったし、総合職にも就けるようになったが、彼女たちは別のかたちの生きづらさを味わっているのではないか？　少子化で娘の地位は息子なみに上がったようにみえるが、家族のなかで息の詰まるような母‐娘関係はかつてとは違う抑圧のかたちをとっているのではないか？「セクシュアルハラスメント」と「ＤＶ（ドメスティック・バイオレンス）」は不法行為とされたが、だからといってそれが解消したのか？　何よりその背景にある、男女の権力関係はすこしも解消されていないのではないか？　女の抑圧の背後にある「ケアする性」としての位置づけは変わっていないし、そのケア労働が家の中から家の外へ出ていったあとも、おとしめられ、低い評価しか与えられていない現実は、すこしも変わっていないのではないか？――果てしのない問いをめぐって、いつのまにかさまざまな論者と対話を重ねてきた。そしていまだに、答は見えない。

それぞれの対談の背景について説明しておきたい。

信田さよ子さんとは、彼女の著書『母が重くてたまらない』をめぐって対談した。副題の「墓守娘」は時代錯誤な、と最初は思ったが、そうではないと思い直した。信田さんとは共著で『結婚帝国　女の岐れ道』（講談社、二〇〇二年／河出文庫、二〇一一年）を出している。ほんとうは『結婚難民』というタイトルをつけたかったのだが、編集者にネガティブだと却下された。こんなにぴったりするタイトルはない、と思っていたら、いつのまにかよそで使われていた。さらに北原みのりさんを加えて、木嶋佳苗や東電ＯＬを論じた『毒婦たち。』（河出書房新社、二〇一三年）という鼎談も刊行した。いつ会っても話題は尽きることがない。くりかえし会って対話したい相手である。

熊谷晋一郎さんとは、彼の新しい本の企画のために朝日カルチャーセンターで対談した。その場に、彼の母親と妹さんが来ておられたとは想定外だったが、おかげで思いがけない展開が生まれた。この対談は、のちに大澤真幸さん、鷲田清一さん、信田さよ子さんとの対談を含めて、熊谷晋一郎『ひとりで苦しまないための「痛みの哲学」』（青土社、二〇一三年）に収録されている。このなかに、

「自立とは、依存先の分散である」という熊谷さんの至言があって、うなった。わたしとの対談でも、「予測誤差」と「安心」とのバランスというえがたい発見がもたらされた。対話が触発する智恵だろうか。こちらの対談集も併せてお読みいただくとよい。

立岩真也さんは、立命館大学先端総合学術研究科のわたしの同僚である。この「先端総合学術研究科」とは、「生・老・病・異」を研究対象とする「生存学」という名の学問を探究する、日本で唯一のユニークな学科である。「異」は「異常」の「異」。他人と「異なる」ひとびとをいう。ふつうなら「生老病死」というところから、「死」を抜いて、「死生学」ならぬ「生存学」とした。どんな障害があっても「生きるための技法」はある、という生存学のほうが、死生学よりよい、とわたしは思う。立岩さんは長く障害学に関わり、わたしは高齢者福祉を研究してきた。そしてそのふたつが重なりあわないことに不満を持ってきた。どちらも「ケアを必要とするひとびと」である。他方、「ケアするひとびと」の大半は、家族から市場へ出ても女性である。この世の中でなぜケアが貶められているのか、はわたしの積年の課題だった。立岩さんとわたしは多くの点で同意しているが、互いに同意するところから現状が遠くかけ離れていることもまた、事実である。

精神科医の宮地さんとは、『現代思想』の「上野千鶴子特集」（二〇一一年一二月臨時増刊号、青土社）で、小熊英二さんとならんでふたりの対談者のひとりとして登場していただいた。上半身と下半身、A面とB面、と呼んできたわたしの専門領域の公に関わる領域を小熊さんと、私に関わる領域を宮地さんと、というわりふりであった。宮地さんご自身、「セクシュアリティをことばにする」作業に腐心してきた女性の研究者のひとりである。それももっとも語りにくい、記憶さえ封印される性暴力被害をめぐって。ご自身には『環状島＝トラウマの地政学』（みすず書房、二〇〇七年）というトラウマ記憶をめぐる名著がある。この一見理論書と見える書物を、当時勤務していた東京大学のジェンダーコロキアムでとりあげたときに、コメントを担当した性暴力被害当事者の発言を今でも覚えている。「この本は実用書だ」と、そのひとは言ったのである。理論書が当事者によって実用書として読まれるほど光栄なことはないだろう。後出の牟田和恵さんとの対談と併せて、いまではあたりまえになっている性暴力被被害が、女性の人権侵害として扱われるまでにどれだけの道筋が必要だったか、それを問題化する研究者やアクティビスト自身がどんな偏見にさらされなければならなかったか、を証言する記録になっていると思う。

木村朗子さんは、端倪すべからざる古典文学研究者である。英文学出身という変わり種だからこそ、「国文学」を「国」文学としてではなく、世界史的な研究動向のなかで「セクシュアリティ」を鍵としてパズルを解くように解いてみせた。そのあざやかさは、対話でいうとおり「ぞくぞくする」ようなものだから、読者も彼女の著作『恋する物語のホモセクシュアリティ』（青土社、二〇〇八年）を自分の目でお読みになることをおすすめする。この対談は、その本の刊行を記念しておこなわれた。そしてその効果は……斯界では「黙殺」と、ご本人はいう。ジェンダーやセクシュアリティの研究者が、それぞれが属するフィールドでどのように闘ってこなければならなかったかが、わかるだろう。

北原みのりさんは、フリーランスのライターにして女性向けアダルトショップの経営者でもある。本書でとりあげた『アンアンのセックスできれいになれた？』の後に、『さよなら、韓流』（河出書房新社、二〇一三年）（この中でも上野は北原さんと対談している）を出すなど、日本女性の欲望のありかについて犀利な分析を加えてきた。その後、右翼の女性たちに大胆に切り込んで『奥様は、愛国』（河出書房新社、二〇一四年）を刊行した。下半身から上半身へとテーマを拡大したともいえる。というより、女性の私的な経験がどのように公的な領域につながっているか、という問いに答えるものでもある。女性がアダルトグッズを扱うショップを経営すること、そしてそれを公言するようになった時代に、わたしは目をみはった。だが、その経歴のおかげで、公的な場で講師をつとめることにクレームがつくこともあるし、最近では女性性器の三次元アートを店内に陳列したという容疑で警察に不当逮捕されさえした。セクシュアリティを語ったり論じたりすることには、いまの日本では何の危険もない——と思っていたら、実はそうではなさそうだ、という事実にショックを受けた。セクシュアリティは、今でも「取り扱い注意」の危険物として扱われているのである。

牟田和恵さんはわたしと同じ社会学者。日本で最初のセクハラ裁判である福岡裁判を支援し、その後もセクハラ案件に長くかかわってきたアクティビストでもある。その彼女の著書『部長、その恋愛はセクハラです』（集英社新書、二〇一三年）とわたし自身の著書『女たちのサバイバル作戦』（文春新書、二〇一三年）とがほぼ同時期に出版され、それが職場での女性の経験をコインの両面のように描いていたから、対談することになった。このなかでも、セクハラやDVがどのように問題として構築されるに至ったか、またそれに至る過程に、だれのどのような関与があったかが語られる。東京都の地下鉄に「痴漢は犯罪です」というポスターを見つけたときの驚きを忘れないが、そこに至るまでには、これも多くの偏見や揶揄との闘いがあったのである。

本書のなかでもっとも年少の対話者は川上未映子さんである。この対話は、一二人の女性と対話した『婦人公論』誌上での一二回にわたる連載『ニッポンが変わる、女が変える』(中央公論社、二〇一三年)の完結後におこなわれた。川上さんは「これだけの戦闘力のある女性たちがいてもこうなのか」という。だが、そのとおり、齢半ばを過ぎ、人生の撤退戦にはいったわたしたちの世代は、「ここまでしかできなかった、ごめんね」という思いとともに、中途半端なまま、次の世代にいまの社会を手渡さなくてはならない。次の時代を変えていくのはあなたたちだと期待しながら。

結果として、本書ではセクシュアリティについての話題が多かったように思う。セクシュアリティは欲望と結びついている。セクシュアリティの否定的な面についてもクシュアリティの解放的で快楽的な側面について、おんなが「ことばにする」ことは、まだまだ不足している、と思う。

それにしても「セクシュアリティをことばにする」歴史が学問のうえで始まってわずかに四〇年。まだまだ語られなければならないことは多いのだ。わたしはこれからも語りやめないし、本書の読者がその対話に参加してくださることをねがう。

わたしとの対話につきあってくださった方々にふかくお礼もうしあげたい。また、このような対話の機会を設定してくださったさまざまな媒体の担当者にも感謝したい。長年敬愛してきた菊地信義さんに装丁をお願いできたことは、望外の喜びだった。青土社の編集者、菱沼さんには、本書のアイディアから刊行まで、一貫してお世話になった。考えてみれば、本書に収録した対談の六つまでが、青土社に関連している。

最後に、わたしの思索と発言に関心を寄せてくださる読者の方々に、心から感謝したい。著者を育てるのは読者だからである。

二〇一五年四月

上野千鶴子

上野千鶴子（うえの・ちづこ）

1948年生まれ。東京大学名誉教授。立命館大学大学院先端総合学術研究科特別招聘教授。認定NPO法人WAN（ウィメンズアクションネットワーク）理事長。日本における女性学・ジェンダー研究のパイオニアにして第一人者。近年はケアや介護 の現場にも関心を持ち、積極的にとり組んでいる。著書に『セクシィ・ギャルの大研究』、『家父長制と資本制』、『ナショナリズムとジェンダー』（以上、岩波現代文庫）、『近代家族の成立と終焉』、『差異の政治学』（岩波書店）、『女という快楽』（勁草書房）、『女遊び』（学陽書房）、『スカートの下の劇場』（河出文庫）、『ミッドナイト・コール』、『上野千鶴子が文学を社会学する』、『老いる準備』（朝日文庫）、『発情装置』（筑摩書房）、『おひとりさまの老後』、『男おひとりさま道』、『ひとりの午後に』（文春文庫）、『女ぎらい』（紀伊國屋書店）、『ケアの社会学』（太田出版）など。また対談集に『ケアのカリスマたち』（亜紀書房）など。

セクシュアリティをことばにする
上野千鶴子対談集

2015年4月30日　第1刷印刷
2015年5月15日　第1刷発行

著者——上野千鶴子

発行人——清水一人
発行所——青土社
〒101-0051　東京都千代田区神田神保町1－29　市瀬ビル
［電話］　03-3291-9831（編集）　03-3294-7829（営業）
［振替］　00190-7-192955

印刷所——ディグ（本文）
方英社（カバー・扉・表紙）
製本——小泉製本

装丁——菊地信義

ISBN978-4-7917-6862-2 C0010